Adrian Langenscheid

CRIMEN VERDADERO USA

CASOS DE CRÍMENES REALES DE LA ESTADOS UNIDOS

Adrian Langenscheid
CRIMEN VERDADERO USA
CASOS DE CRÍMENES REALES DE LA ESTADOS
UNIDOS

Sobre este libro:

Asesinatos a sangre fría, un secuestro trágico, crímenes económicos despiadados, tragedias familiares devastadoras y un robo espectacular: catorce historias cortas de crímenes verdaderos sobre el crimen estadounidense en la vida real. Ni los jueces, ni los fiscales, ni los abogados defensores son inmunes al hecho de que los sospechosos están siendo juzgados por crímenes extremadamente crueles, mientras que el destino de las víctimas y sus familiares se va transmitiendo poco a poco a lo largo de cada historia . En un mundo ideal, el veredicto final asegura un castigo justo de los culpables … en un mundo ideal.

Sobre el autor:

Adrian Langenscheid es autor, compositor y productor de películas educativas. Su obra atraviesa varias disciplinas y está dedicada en gran medida a la narración de la experiencia humana y el sentido de la vida. El apasionado Crimen Verdadero de Adrian debutó en junio de 2019. Ese mismo mes, el libro "True Crime Deutschland", del aún desconocido escritor, se convirtió en el número uno en ven- tas en las listas amazónicas bajo la categoría de asesinato. Adrian vive con su esposa e hijos en Stuttgart, Alemania.

Pie de imprenta

Autores: Adrian L angenscheid y Alexander Apeitos
ISBN: 9781659184051

Editado por Manuel Martín

1ª edición Enero de 2020
2019 Stefan Waidelich Dachenhäuserweg 44.71101 Schönaich
Imprenta: Amazon Media EU S.á r.l., 5 Rue Plaetis, L-2338,
Luxemburgo Foto de la portada: © Canva
Diseño de portada: Pixa Heros Stuttgart

Prólogo

Si antes de la publicación de mi primer libro me hubieran dicho que se convertiría en un bestseller en tan sólo 3 semanas, no te habría creído. Meses más tarde, gracias a numerosos lectores, mi debut sigue en la lista de los más vendidos de True Crime. Como escritor, el inesperado éxito me ha hecho humilde. Ciertamente, no hubiera sido posible sin todos los lectores que compartieron mi pasión por True Crime dejando reseñas en Amazon. Sólo a través de estas reseñas es posible para nosotros, los autores menos conocidos y que no tenemos grandes presupuestos de marketing o editores detrás de nosotros, ser encontrados en Amazon. "True Crime USA", ahora tiene el seguimiento de un bestseller. Lo dedico con gratitud a todos los que contribuyeron al éxito del primer libro con su compra, comentarios y críticas.

Suyo, Adrian Langenscheid

Observaciones

introductorias

Soy un apasionado lector de True Crime y me encanta escuchar podcasts sobre crímenes verdaderos. Lo que más me gusta es volver a contar historias de crímenes reales. A menudo me afecta profundamente lo que la gente es capaz de hacer. ¿Qué tiene el Crimen Verdadero que nos fascina tanto? ¿Es el voyeurismo o el instinto animal de seguridad?, ¿Es usted capaz de evaluar y prevenir situaciones peligrosas para evitar ser víctima de un incidente horrible? Me conmueven las preguntas sobre cómo las cosas podrían llegar tan lejos. ¿Habría sido posible evitar estos hechos y, de ser así, quién tenía el poder y en qué momento para cambiar el terrible destino? Muchas de estas preguntas a menudo quedan sin respuesta.

La vida a veces escribe historias que dejan a los protagonistas y a los espectadores atónitos y conmocionados. Sin embargo, esto no es una de tantas, sino una realidad cruel que te dejará K.O. en los próximos 14 capítulos. La realidad siempre supera a la ficción. Lo que sucede frente a nuestras propias puertas puede ser absolutamente incomprensible y horripilante. Se trata de amigos y seres queridos, de la ejemplar familia de al lado, de madres que van a la puerta del colegio a recoger a sus hijos o del vecino que siempre nos saluda de una manera tan amistosa y cortés. Siempre pensamos que esas cosas no ocurrirán en nuestro entorno, pero estamos muy equivocados. Bajo una apariencia normal y corriente, cuentan con comportamientos humanos indescriptiblemente retorcidos que nadie, ni siquiera los más cercanos a ellos, hubieran pensado que fueran posibles.

Los terribles crímenes causan el colapso de los mundos de las víctimas y todos sus allegados.

¿Es realmente cierto que la gran mayoría de los crímenes se cometen por pasión? ¿Es cierto que, en determinadas circunstancias, cada uno de nosotros es capaz de matar a otro ser humano? Al leer las siguientes historias, tendrás tu propia opinión.

En este libro, una vez más les presento 14 casos criminales famosos de la vida real, esta vez de los Estados Unidos, que ocurrieron no hace mucho tiempo. Déjate llevar y conmover por once crueles, pero completamente diferentes asesinatos o un secuestro dramático ¡Sentir el dolor casi inimaginable de las víctimas y sus familiares! Experimenta la injusticia de gritar cuando el culpable no puede ser identificado y una persona inocente se sienta en la silla eléctrica en su lugar. ¡Diviértete con un robo que sigue siendo inolvidable hoy en día y que tiene como protagonista al porno gay más caro de la historia!, ¡Ponte en la posición de los involucrados y asómbrate de cómo la realidad puede superar incluso a la más cruel imaginación!

Sin piedad, os presento los verdaderos hechos en forma de relato corto. Algunos de los nombres durante el libro han sido cambiados para proteger datos personales.

Aunque es posible escribir libros enteros sobre cada caso, esa no es mi intención. Las historias cortas son como un poderoso huracán inesperado. Antes de que te des cuenta te golpea y todo lo que deja atrás es destrucción. Lo que queda son emociones fuertes, muchas preguntas y la sensación de ser consciente de las prioridades en nuestras vidas. Aquí encontrarás delitos en formato corto que te harán reflexionar sobre la naturaleza humana.

Mientras lees estas historias, te reirás y llorarás, te sorprenderás, te horrorizarás y te quedarás sin palabras.

Capítulo 1:
Porque es negro...

La escena es tentadora: La puerta se abre y los tres entran. Uno de ellos es un niño pequeño. Literalmente tiene que sostener la gruesa Biblia frente a su pecho porque le pesa demasiado para llevarla separada del cuerpo. Sin el firme agarre de los dos guardias que lo empujaban hacia adelante, el niño probablemente se hubiera desmoronado. Todo su cuerpo se estremece, las lágrimas corren por sus mejillas y sus labios tiemblan, porque se supone que éste es su último paseo. La silla eléctrica espera a George Stinney Junior. Pronto 5.380 voltios recorrerán su pequeño cuerpo.

Después de un traslado en condiciones penosas, el niño de 14 años es colocado en la máquina. Se queja, llora y ruega a los hombres que lo rodean que lo dejen ir, pero ellos no reaccionan. En su lugar, le atan las correas y le colocan las húmedas esponjas.

¿Cómo puede ser que el personal permanezca tan impasible mientras el niño casi se desmaya de miedo? Cuando todo está en orden, cubren su rostro con un paño y lo atan porque se supone que los testigos de la ejecución no pueden ver escenas excesivamente desagradables.

A menudo se dice que en los últimos momentos se ve toda la vida pasar. ¿Fue lo mismo para George Stinney, Jr.? ¿Acaso el niño llegó siquiera a entender por qué le estaban haciendo algo tan terrible?

George Junius Stinney, Junior nace el 21 de octubre de 1929. En Sumter, Carolina del Sur, todavía existe una antigua segregación racial en los estados del sur, y la gente tiene fe en el "efecto curativo" de la pena de muerte porque sólo los castigos más duros previenen de los actos más horribles.

El mundo en el que George crece está experimentando un momento de cambios radicales: la Primera Guerra Mundial ha terminado hace sólo unos pocos años, y las secuelas todavía se pueden sentir en todo Estados Unidos. Ya está claro que la economía está a punto de entrar en una fase de recesión que no discriminará entre los pobres y los ricos. Después de que George Junius se mudara, su familia se estableció en Alcolu, Carolina del Sur.

En aquellos días, los negros y los blancos de Carolina del Sur todavía no podían sentarse juntos en un autobús. Tuvieron que asistir a escuelas separadas y sus perspectivas de vida eran diferentes. Los blancos se veían a sí mismos como la clase alta y tenían dificultad para distinguir entre las caras de las personas de color. ¿Igualdad de derechos para todos? Tales pensamientos estaban muy lejos: más bien, los de color eran vistos como personas poco sofisticadas, además de malvados en esencia. Esto ya parece aplicarse a los niños pequeños. Los "negros" son gente de segunda clase, sin posibilidad real de felicidad en la vida.

Estamos en 1944 y la Segunda Guerra Mundial está entrando en su fase final cuando un homicidio asusta a Alcolu. Los padres de Betty June Binnicker, de 11 años de edad, y Mary Emma Thames, de 8, pronto sintieron que algo les había pasado a las dos niñas porque no regresaron a casa a la hora de siempre. Cuantas más horas pasan, más nerviosos se ponen los padres buscando a las niñas. Finalmente, deciden llamar a la policía local, que inmediatamente comienza una intensa búsqueda. A la mañana siguiente las niñas son encontradas muertas en una zanja.

Su presencia hace llorar hasta a los hombres más duros de la comunidad. Los tiernos cuerpos de las niñas yacen inmóviles y rígidos en las aguas poco profundas de la zanja. El agua hace que sus vestidos se peguen a su piel y permite que brille a través de ellos. Sus cabellos se mueve hacia adelante y hacia atrás con la corriente que fluye, al igual que sus cabezas. ¿Lo más chocante de todo? Sus cráneos son una tétrica mezcla de sangre, huesos y masa cerebral. Betty June y Mary Emma fueron brutalmente golpeadas hasta la muerte.

Para los investigadores locales, no es fácil contarles a los padres lo que les sucedió a sus queridas hijas. Después de todo, se conocen de vista y han vivido en la casa de al lado durante años. El sufrimiento es difícil de soportar cuando se les revela la amarga verdad. La madre de Betty June necesita un momento para comprenderlo todo. De repente, entra en shock y se desmaya en el porche mientras su marido tiembla a su lado con la expresión congelada. Los padres de Mary Emma, por otro lado, corren hasta la puerta para encontrarse con los hombres, se toman entre sí en sus brazos y se ponen a llorar. Han sido privados de la cosa más dulce de sus vidas, un dolor que arrastrarán hasta el fin de sus días.

Profundamente conmovidos, los investigadores se dan la vuelta y toman el camino hacia la ciudad. Los habitantes de Alcolu esperan aterrados tras las cortinas de las ventanas. Cuando ven a los investigadores, todos salen corriendo a preguntarles para que les digan lo que les pasó a las niñas. Una sensación de gran angustia y malestar se instala en la pequeña ciudad, ya que algo tan terrible nunca había sucedido aquí antes. No dicen mucho, pero la noticia de la muerte de Betty June y Mary

Emma se está extendiendo como un reguero de pólvora. Caras profundamente preocupadas y un sentimiento de desconcierto están por todas partes. Pronto se oyen los primeros gritos de enojo por venganza y represalias. ¿Cómo puede uno vivir aquí en paz y tranquilidad cuando tiene que temer por sus hijos? ¿Quién puede descansar tranquilo cuando el asesino de dos niñas anda suelto? Los policías piensan lo mismo. Ellos también sienten la necesidad de venganza una vez que han superado el estado de shock y negación, para pasar a la ira. Decididos a buscar justicia, inician sus investigaciones y entrevistas, haciendo todo lo que pueden para presentar un culpable al público lo más rápido posible. ¡Están dispuestos a todo por ello!

George, de 14 años de edad, se dirige rápidamente en los investigadores. Es un adolescente alegre, en plena pubertad y empezando a interesarse por las chicas. La mayoría de la gente en Alcolu conoce a George, pero tiene dos grandes hándicaps que lo limitan en su vida en el pueblo: que su familia se mudó recientemente, y que son de color. George Junius es un chico negro, un hecho que ya es bastante conflictivo en este mundo de racismo. A esto hay que añadir el hecho de que la comunidad observó cómo él y su hermana hablaban con las dos niñas el día de su desaparición, y este hecho es suficiente para convertir a George en el principal sospechoso del doble homicidio. Un testigo afirma que George supuestamente se acercó a las dos niñas porque quería tener relaciones sexuales con la niña de 11 años. El mismo día que las dos chicas son encontradas, George es arrestado. Desafortunadamente, esto también pone fin de inmediato a todas las búsquedas de otros posibles sospechosos. De ahora en adelante, se trata de probar la culpabilidad del chico, así funciona esto.

El motivo del crimen: supuestamente, George quería tener relaciones sexuales, pero como la niña mayor se negó, se sintió rechazado y decidió matarlas a las dos.

El interrogatorio policial no tarda en llegar, pero no puede ser reconstruido porque todos los documentos necesarios han desaparecido. ¿Cómo sería para George estar en una habitación con tres policías furiosos convencidos de su culpabilidad? ¿Lo amenazaron o engañaron para que finalmente admitiera la verdad que a todos interesaba?, ¿se volvieron violentos? Lo único que se sabe es el resultado: George confiesa haber cometido el asesinato de las dos niñas. Al menos eso es lo que dicen. La verdad es que no existe ni una confesión escrita ni un registro del interrogatorio: sólo unas pocas notas manuscritas hechas por uno de los agentes que lo interrogaron. Ni los padres de George ni su abogado estuvieron presentes en el interrogatorio.

Con prisa proceden y sólo un mes después comienza el juicio. La composición del jurado ya indica que no habrá un juicio fácil para el acusado, ya que los jurados son todos hombres blancos, con familias en casa y niños queridos a los que quieren proteger de tal monstruo a toda costa. ¿Y el abogado de Stinney? Brilla por su poca profesionalidad e interés. Como era de esperar, no logra construir una defensa real para su cliente. ¿Es porque no puede o no quiere? Además, no se tratan suficientemente las pruebas importantes. Al final, todo parece un espectáculo más que un juicio, y en el centro se encuentra un niño completamente aterrorizado, abrumado e indefenso.

George está sentado, pequeño, ansioso e intimidado. Tiene problemas para seguir el juicio y todos los argumentos. Al final, siente cierto alivio cuando, después de sólo cinco horas, se termina la conversación. Se pensaba que el proceso tomaría días antes de que se tomara una decisión, pero esa tarde todo sucede muy rápidamente.

Mientras el jurado sale de la sala, todos se preparan para un largo descanso. Las consultas de casos de asesinato usualmente toman mucho tiempo. El público se sorprende aún más cuando, después de sólo diez minutos, la puerta se abre y los miembros del jurado regresan. No pasaron mucho tiempo debatiendo discrepancias, más bien porque probablemente no las hubo: todos estaban completamente convencidos de que en ese niño encontrarían al asesino sin escrúpulos de las dos niñas. Y si no, bueno, eso sólo significa que hay una persona negra menos en este mundo. Así es como algunas personas piensan en estos tiempos. El veredicto es culpable. ¿La sentencia? Muerte por ejecución en silla eléctrica.

¿George entiende lo que le espera? Ciertamente no, pero sus padres y su familia, que rompen en sollozos desesperados y lágrimas, sí. Lo increíble ha sucedido, ¡un niño acaba de ser condenado a muerte! George probablemente será la persona más joven que sufre esta pena. Incluso ahora, su abogado continúa con una actitud pasiva; ni siquiera intenta apelar la sentencia.

El poder judicial parece entender la necesidad de venganza de la gente de Alcolu y el castigo del niño se persigue sin vacilaciones. Apenas dos meses después de la condena, se fija la fecha de ejecución para Richland.

El 16 de junio de 1944, los guardias sacan al niño del corredor de la muerte y lo llevan a la silla eléctrica, impasibles. El niño vuelve a gritar que él no hizo nada, una y otra vez, pero los jueces y verdugos actúan fríos e indiferentes. De acuerdo con las instrucciones de procedimiento, finalmente encienden los interruptores....

Stinney Jr. nunca tuvo la oportunidad de graduarse de la escuela, enamorarse, formar una familia o ver a sus propios hijos. Muere agonizantemente a la edad de 14 años.

Mientras que muchos otros casos son olvidados, el destino de George Junius ha conmovido a la gente una y otra vez a lo largo de las décadas. Su familia, convencida de su inocencia, ha hecho repetidos esfuerzos para reabrir el caso. Fueron apoyados por activistas de derechos civiles que también estaban convencidos de que el juicio fue injusto y deliberado.

Pasarán otros 70 años antes de que haya algún movimiento en la materia, pero toda esta perseverancia valdrá la pena. En 2014, el caso de George Junius Stinney Jr. es examinado de nuevo por un tribunal de los EE.UU. - ¡y la pena de muerte es levantada! La jueza, Carmen Mullen, está convencida de que el niño sufrió una gran injusticia por parte del Estado. Describe este caso como un ejemplo particularmente evidente de cómo una persona negra fue injustamente procesada por el poder judicial por culpa del racismo durante el tiempo de la segregación. Además de los numerosos errores de procedimiento, Mullen criticó la sorprendente rapidez con la que se dictó y ejecutó la sentencia. Se violaron los derechos fundamentales del niño. Mullen también critica la confesión que constituyó la base del veredicto. Es probable que se obtuviera mediante chantaje, y, en cualquier caso, no era digno de confianza.

Esta consideración, aunque posterior, es un gran alivio para su familia. Su hermana de 80 años, Kathrine Robinson, una maestra jubilada de Nueva Jersey, que también habló con las dos niñas que fueron asesinadas, está increíblemente agradecida. ¡Desde el 17 de diciembre de 2014, está claro que George es inocente!

Sin embargo, todavía queda una pregunta sin respuesta. Si George es inocente, ¿en qué manos está la sangre de las tres víctimas?

Capítulo 2:

La llamada

La niña de seis años grita, horrorizada, mientras el arma de repente se vuelve contra su hermana algo mayor. Sin entender lo que le está pasando, el disparo sordo le impacta en la espalda. Se desploma como una muñeca de trapo. Ese es el momento en que la niña de seis años, muerta de miedo, se da la vuelta y corre hacia la puerta principal. Su pequeño corazón late en su garganta y las lágrimas brotan de sus ojos. En cuanto llega al pasillo, tiene el pomo de la puerta al alcance de la mano.

Pero de repente, un puño enorme la golpea por la espalda y la arroja al suelo. Primero siente el dolor en la espalda mientras está tumbada; duele, duele mucho, mientras tanto sigue intentando zafarse y arrastrarse hacia la puerta, pero todo es en vano. Una mano agarra a la niña por el hombro, la cual tiembla de terror, y la gira para ponerla de cara al asesino. Y entonces le dispara en la cabeza. Mientras la mirada de sus ojos se rompe y su respiración se detiene, un último pensamiento de súplica pasa por la mente de la niña: "Por qué, papá...".

El 2 de agosto de 1955 nació en Alabama John David Battaglia Jr. A los pocos años se muda con sus padres recorriendo todo Estados Unidos, e incluso vive algún tiempo en Alemania, ya que su padre era parte del ejército Norteamericano. Después de terminar su formación en la escuela, John se une a los Marines de los Estados Unidos: una compañía legendaria cuyos miembros se refieren a sí mismos como "cuellos de cuero" o "perros del infierno". Los que pasan por aquí han pasado por lo más duro.

John se convierte en sargento y se acerca a su padre, que se ha establecido en Dallas. Asiste a la escuela nocturna dos veces por semana, aprueba el examen de CPA y comienza a trabajar como contable. Además, es un apuesto y guapo hombre de 1,83 metros de altura con ojos verdes.

Es en esta época, cuando John conoce a la abogada Michelle G., con quien tiene una hija, Kristy. Sin embargo, en 1987 se divorcia de Michelle por problemas con su excesivo temperamento.

En 1991, John encuentra un nuevo amor en su vida: Mary Jean Pearle. El 6 de abril de ese año, los novios se dan el sí quiero y un año después se alegran por el nacimiento de su hija, Mary Faith. Luego, en 1995, nace

Liberty Mae. La felicidad de la familia Battaglia-Pearle parece idílica, al menos para los forasteros.

Pero detrás de la hermosa fachada, está surgiendo una crisis. Ya en su noche de bodas Juan muestra su verdadero rostro, insultando y abusando verbalmente de su esposa. A partir de entonces, estas escenas forman parte de la vida cotidiana de la pequeña familia, y Mary Jean las soporta por el bien de los niños. Sólo después de un ataque especialmente violento, con insultos y otras agresiones verbales, Pearle finalmente saca su valentía y se separa de John. Como ya no puede vivir con Pearle, acuerda con ella un régimen de visitas. Mary Jean no quiere alejar a su padre de los hijos. Las dos chicas lo quieren por encima de todo, y Juan también las adora a ellas.

El día de Navidad del mismo año, sin embargo, la disputa de pareja alcanza el siguiente nivel cuando Battaglia viene a ver a sus hijas. De repente, se enerva y le pega a Mary Jean en la nuca. Ella presenta una denuncia y su abusivo ex es finalmente castigado por violencia doméstica. Además, Battaglia tiene prohibido acercarse a su esposa o enviarle mensajes. Inmediatamente después del pronunciamiento de la sentencia, Pearle solicita el divorcio, que entra en vigor en agosto de 2000.

Battaglia, sin embargo, tiene problemas para aceptar las condiciones de libertad condicional. Acecha a su ex esposa, la aterroriza con llamadas telefónicas, deja mensajes de odio con desagradables insultos en su buzón, etc. Obviamente, aún no ha aceptado la situación. A finales de abril de 2001, Mary Jean finalmente decide informar a las autoridades sobre el comportamiento de John, así como de que, además, fuma marihuana: otra violación de la libertad condicional.

Mary Jeane Pearle sigue firmemente convencida de que el odio de Battaglia se dirige exclusivamente hacia ella, porque incluso en sus peores momentos, él sólo tiene palabras de amor para sus dos hijas. Es por esto que ella permite que se sigan haciendo con normalidad las reuniones que las chicas mantienen con su padre. Sin embargo, el 2 de abril de 2001 será un fatídico día en que su suposición resultará ser falsa.

Como de costumbre, Pearle lleva a sus hijas al punto de encuentro acordado en el centro comercial. La madre prefiere encontrarse con Battaglia en un lugar neutral. En aquel momento lo percibia más tenso que de costumbre. Poco antes de la quedada, el ex-marine recibió una llamada telefónica que desató su furia. La persona que llamó le informó que iría a prisión por la queja de Pearl. Sin embargo, el policía le aseguró que no lo recogerían hasta después de su visita con sus hijas para que las niñas no tuvieran que presenciar la escena de la detención.

Desafortunadamente, Pearl no tiene ni idea. Ella tampoco sabe que se está llevando a las niñas a su apartamento en el cuarto piso en Deep Ellum, en lugar de comer con ellas en el centro comercial, como ella pensaba. En el camino, probablemente les dice a las niñas que papá tiene que ir a la cárcel y que es culpa de su mamá. El mundo se derrumba para las niñas de 6 y 9 años.

Las anima a llamar a su madre y las convence de que ella es realmente la responsable de su sentencia en prisión. Hubo dos llamadas y mensajes de Faith, pidiéndole a su madre que le devolviese la llamada. Pearle se asombra y responde inmediatamente. Tal vez ya tenga una ligera idea de que algo está a punto de salir mal, pero la alegre voz infantil de Faith suena como siempre hasta que Battaglia habla y se le escucha por detrás, incitando a la niña a preguntar, y entonces ella dice:"¿Por qué quieres que papá vaya a la cárcel?"

En ese momento, la sangre de Mary Jeane Pearl se congela y su teléfono móvil casi se le escapa de los temblorosos dedos. ¡De repente se da cuenta de que él lo sabe!, y entonces se desata el infierno.

Pearle oye a Faith gritar de horror: "¡No, papi, por favor, no! ¡Por favor, no hagas eso! "Luego se escuchan varios disparos... gritos... como si estuviera paralizada, la madre oye todo a través del teléfono, presenciando cómo sus dos hijas son fusiladas, ejecutadas por su padre. Y entonces, tras todos estos sonidos desgarradores, se escucha un instante de silencio.

"Feliz puta Navidad", le silba Battaglia a su ex por teléfono. De repente, Pearle se da cuenta de que se trataba de una venganza por la Navidad de 1999.

Mientras la madre alerta inmediatamente a la policía y corre en coche hasta el apartamento de su ex marido, quizás con la esperanza de salvar las vidas de sus hijas, Battaglia se da el gusto de pasar una tarde relajada y hermosa. Es como si no le hubiera afectado todo esto. Para él, los asesinatos son "daños colaterales". El mensaje que deja en el contestador automático de Pearle inmediatamente después de los disparos lo confirma. "Hola, chicas. Sólo quiero deciros lo valientes que fuisteis. Espero que estéis descansando en un lugar mejor ahora y desearía que no tuvieras nada que ver con vuestra madre. ¡Es malvada, viciosa y estúpida!" Como si nada hubiera pasado,

Battaglia se encuentra con su novia para tomar una copa en un bar. Más tarde, en un estudio de tatuajes, se tatúa dos rosas apuñaladas en la parte superior del brazo izquierdo en memoria de sus hijas Faith y Liberty. La policía lo descubre y, después de una pelea, es arrestado por asesinato. Numerosas armas de fuego se encuentran en su apartamento y las dos niñas yacen en dos grandes charcos de sangre. Faith está en la cocina. Liberty parece haber huido hacia la puerta, porque se encuentra a pocos pasos de la salida. A ambas les dispararon por la espalda para ralentizarlas antes de que su padre las ejecutara con disparos mortales en la cabeza.

Ambas chicas fueron utilizadas como herramientas de la implacable venganza de Battaglia.

El juicio, que comienza en Dallas el 2 de abril de 2002, revela toda la terrible verdad. John Battaglia Jr. tiene una larga historia de violencia doméstica. Le rompió la nariz a su primera esposa y le dislocó la mandíbula durante uno de sus violentos prontos descontrolados. Además, ya había amenazado con hacer algo similar a su hijo de siete años de otra relación. Aparentemente, el ex marine de los EE.UU. siempre ha tenido una clara propensión a la violencia hacia los niños.

El veredicto se anuncia después de sólo veinte minutos de consulta y se lee: "Ejecución por inyección letal". Esto también se confirma tras la apelación. La primera esposa de Pearle y Battaglia, Michelle G., así como la primera hija de Battaglia, Kristy, hablan en apoyo de la muerte del hombre que se llevó la vida de dos niñas inocentes, simplemente porque quería infligir dolor a su madre. Para Mary Jeane

Pearle, Battaglia Jr. es el peor de todos los asesinos, peor que Hitler o Jeffrey Dahmer. Ellos no mataron a sus propios hijos y ella enfatiza esto en su testimonio .

Los argumentos de la defensa se basan en el hecho de que Battaglia ha estado sufriendo de trastorno afectivo bipolar (Forma I) de una forma particularmente severa desde hace algún tiempo y, por lo tanto, no puede ser considerado responsable de sus acciones. Varios expertos confirman el trastorno mental no tratado, presumiblemente combinado con un episodio psicótico. A pesar de esto, todos están seguros de que Battaglia tenía el control total y sabía lo que estaba haciendo cuando asesinó a sus hijas.

El 1 de febrero de 2018, Battaglia muere por inyección letal. Una vez más, el lado maníaco de su personalidad se impone. Después de la inyección, cierra los ojos teatralmente sólo para abrirlos de nuevo un momento después y preguntar, divirtiéndose: "¿Aún estoy vivo?"

Al final, se vuelve hacia su ex esposa en la sala de observación y le dice: "Bueno, hola, Mary Jean. Os veré más tarde."

Capítulo 3:

Un plan cruel

(por Alexander Apeitos)

Andreas y Jan A. son hermanos naturales de Aalen, Alemania. Hoy, ambos están confinados en una prisión de alta seguridad en Arizona, Estados Unidos.

Andreas nació en 1960 y Jan. A en 1963. No se sabe mucho sobre las condiciones en las que crecieron ambos, sin embargo, lo que es seguro, es que se volvieron conocidos durante el curso de su adolescencia debido a una serie de delitos. El profesor Frank Schneider, que trabaja en la Clínica Psiquiátrica de la Universidad Heinrich Heine de Düsseldorf, determinaría más tarde que el daño cerebral grave que padecía Jan se debió al abuso en su infancia.

A finales de sus 20 años, Andreas y Jan forjan un plan sencillo para resolver sus problemas de dinero de una vez por todas. Los hermanos quieren ir a los Estados Unidos para encontrar una esposa para Andreas. Este sería su billete a la libertad financiera. El 10 de agosto de 1988, volaron a San Diego, California, junto con la esposa de Jan, Susanne, y la ex-novia de Andreas, Anke. El cuarteto se queda en un motel barato y los hermanos inmediatamente comienzan a buscar una esposa para Andreas.

En un club nocturno cerca de su motel, conocen a Cheryl R. y a su amiga Trudy W. Las dos mujeres son de Phoenix, pero están en la ciudad para asistir a la fiesta de cumpleaños del hermano de Cheryl.

Andreas y Jan establecen con las dos mujeres en una larga conversación que dura toda la noche. Usando un inglés bastante malo, les dicen a las mujeres que están en

California por un viaje de negocios. Afirman que, profesionalmente, fabrican tablas de surf, así como coches de importación para la marca Mercedes. Antes de que los hermanos se despidan, Cheryl y Trudy les dan sus números de teléfono y direcciones. Invitan a los hermanos a Phoenix y la verdad es que estaban deseando seguir conociéndolos.

Dos semanas después, Andreas y Jan se dirigen a Phoenix. Cheryl recoge a los hermanos del aeropuerto y los lleva a su hotel.

Poco después de que los hermanos se registren, salen del hotel para trasladarse al Motel 6, un hotel mucho más barato. Le dicen a Cheryl que han encontrado alojamiento en el Holiday Inn, porque es más adecuado para sus necesidades.

Mientras tanto, Susanne y Anke permanecen en San Diego. Unas semanas después de la partida de Andreas y Jan, Susanne regresa a Alemania. Andreas y Jan regresan a San

Diego para recoger a Anke. Contrariamente a su plan inicial, no hay ningún romance entre Andreas y Cheryl, pero esto no impide que los hermanos conozcan a otras mujeres.

El 6 de octubre de 1988 se presenta finalmente la oportunidad que los hermanos habían estado esperando. Se encuentran con Annette C. en un bar. Andreas y Jan se hacen pasar por expertos en bancos e informática, y al final de la noche, Annette le pasa su número de teléfono a Jan, cuya primera cita es el domingo siguiente. Esta vez, Annette trae a sus amigas, Kathy y Cynthia "Cindy" Monkman con ella. Bingo.

Andreas se centra inmediatamente en Cindy. Habla con ella y baila toda la noche exclusivamente con ella. Finalmente, le confiesa que "tú eres la mujer con la que quiero casarme".

Después de esa noche, Andreas y Jan se reúnen regularmente con Annette y Cindy. Un día, los hermanos alemanes visitan el apartamento de Cindy y desaparecen 100 dólares. Cindy sospecha. Ella llama al Holiday Inn para preguntarle a Andreas si él accidentalmente tomó el dinero; sin embargo, se entera por la recepción que no hay huéspedes del hotel con los nombres de los hermanos. Finalmente se entera de que Andreas y Jan viven en el Motel 6. Junto con su novia Annette, Cindy va al hotel y las dos mujeres conocen a Anke. Están completamente sorprendidos y asombrados.

Anke pretende ser una buena conocida de Andreas y Jan, y les dice a las dos mujeres que los hermanos no están allí y que no sabe cuándo volverán.

Al día siguiente, los hermanos se encuentran de nuevo con Annette y Cindy y les explican que han perdido sus empleos y visas de trabajo debido a su deseo y compromiso de pasar tiempo con las mujeres.

Las chicas se sienten infinitamente culpables y se ofrecen a ayudarlas a encontrar un nuevo trabajo, pero Andreas rechaza cualquier oferta. "¿Qué debemos hacer entonces, casarnos contigo?" finalmente pregunta Annette. "Sí", responden los hermanos.

Poco tiempo después, Jan se muda con Annette y Andreas con Cindy. Jan y Annette se separan después de sólo una semana porque Annette descubre que Anke es más que una buena conocida de Jan.

Como resultado, se muda y alquila una habitación en un motel junto con Anke. Oficialmente, sin embargo, declararon que habían regresado a Alemania.

Andreas y Cindy siguen con su plan de casarse. Cindy inicialmente le ofrece a Andreas un matrimonio por conveniencia para facilitarle la obtención de una visa de trabajo y residencia, pero Andreas le jura que quiere un matrimonio real, uno que dure para siempre.

El 28 de octubre de 1988, Andreas y Cindy se casan en Las Vegas. Ni familiares ni amigos están presentes en la ceremonia, ya que ambos han decidido mantener su matrimonio en secreto.

Apenas 10 días después del matrimonio, el 7 de noviembre de 1988, Andreas se pone en contacto con un corredor de seguros. Está interesado en una póliza de seguro de vida de un millón de dólares para su recién casada esposa.

Cuando le cuenta a Cindy su idea de contratar un seguro de vida, ella cree que esto es común entre las parejas casadas en Alemania y está de acuerdo. Cindy entonces toma la póliza de seguro de vida por $400,000 y al mismo tiempo, emite un cheque por la primera cuota.

El plan de los hermanos parece funcionar. Andreas, Jan y Anke inmediatamente comienzan a gastar el dinero. Obtienen costosos contratos de venta de relojes y dos coches Jaguar. En cada caso, hacen un pago inicial y prometen pagar el saldo cuando reciben su dinero de Alemania.

En uno de estos viajes de compras, Andreas le dice a Anke que sería un hombre rico, si Cindy muriera de una muerte no natural.

Mientras tanto, Cindy encuentra un segundo trabajo para cuidar de sí misma y de Andreas. Él, por otro lado, no tiene ningún problema en gastar su dinero en los gastos de Jan y Anke.

El 25 de noviembre, Andreas recibe una llamada del corredor de seguros. La compañía de seguros ha examinado la solicitud de Cindy y sólo puede cubrirla por 100.000 dólares. Sin embargo, otra compañía de seguros podría ser utilizada para complementar una póliza adicional por $300,000 más. ¡Hecho! Los contratos de seguro establecen que el primer día en que se pueden reclamar las pólizas de seguro de vida es el 22 de diciembre de 1988.

Al día siguiente, es decir, el 23 de diciembre de 1988, Cindy hace las maletas. Al día siguiente, en Nochebuena, quiere volar a Illinoi ,para pasar las vacaciones de Navidad con su hermana y su familia. Esa noche, antes de salir en avión, se reúne con su amiga Annette a las 8 de la noche para intercambiar regalos de Navidad.

Los dos hermanos también están muy ocupados el día antes de Navidad, alquilando un vehículo todo terreno con un gran maletero y quedando con Anke en el motel. Allí, Andreas les dice que tendrán mucho dinero si mata a Cindy hoy. El plan está finalizado, y Andreas está de acuerdo en recoger a Cindy poco después de las 7pm. Entonces la hermana de Cindy, María, quiere recogerla y llevarla al restaurante para que conozca a Annette.

Cindy llama a su padre alrededor de las 6:50 p.m. y luego a María para que la incluya en la planificación. Durante la llamada telefónica con María, Andreas llega a casa y Cindy termina la conversación. Mientras tanto, Anke y Jan llegan alrededor de las 7pm al punto de encuentro acordado con Andreas.

Unos 20 minutos más tarde, Andreas pasa por delante de ellos. Anke y Jan siguen su coche hacia el desierto.

En algún momento, Jan se sale de la carretera y conduce por el desierto durante un tiempo. Poco tiempo después, Anke y él vuelven a descubrir el coche de Andreas. Jan se detiene, ordena a Anke que se quede en el auto y se acerca a su hermano. Al regresar al auto, Jan se reúne con Anke en el bar a las 10:30pm, donde estaban con Cindy y Maria.

Andreas y Jan van al motel a ducharse y luego se encuentran con Anke en el bar.

Los tres esperan a la esposa oficial de Andreas un rato y luego piden la cena y hablan de su coartada. Después, visitan un club nocturno hasta que Andreas finalmente llega a casa alrededor de las 2 de la madrugada del día siguiente.

El contestador de Cindy está lleno de mensajes de Annette, Kathy y María. Están preocupados porque Cindy no se presentó a su reunión.

En la madrugada del 24 de diciembre de 1988, Annette finalmente llega a Andreas, quien parece tan sorprendido como ella por la desaparición de Cindy. Cuenta que Cindy salió de la casa alrededor de las 7 de la tarde después de una acalorada discusión telefónica con un hombre extraño. Se suponía que se encontrarían en su bar habitual a las 10 de la noche, pero ella no apareció.

Annette inmediatamente va a Andreas para que puedan informar a la policía juntos. Al llegar a su casa, Annette tropieza con el bolso de Cindy. La novia está irritada, ¿por qué está la bolsa aquí? ¿Por qué no se lo llevó Cindy?

En la tarde del 24 de diciembre de 1988, el cuerpo de Cindy fue encontrado en el desierto del condado de Pinal, Arizona. Fue apuñalada una vez en el pecho y cuatro veces por la espalda. Además, su garganta fue cortada tan profundamente que casi queda decapitada.

Su cuerpo y rostro presentaban varios moretones y la frente de la mujer muerta contenía la huella de un zapato deportivo.

Un trozo de cuerda de nylon y una toalla de playa ensangrentada se encontraban cerca del cuerpo. Además, se podían detectar marcas claras de neumáticos y otra huella de zapatilla de deporte. En la tarde del 25 de diciembre de 1988, Andreas, Jan y Anke conducen alrededor del río Salt con el coche de alquiler.

Andreas conduce rápido en las curvas y frena bruscamente una y otra vez. Al hacerlo, quiere gastar las marcas de los neumáticos para que no corresponda con las huellas encontradas en el lugar del crimen.

Cuando el coche fue devuelto a la compañía de alquiler, dos de los neumáticos habían sido gastados de tal manera que necesitaban ser reemplazados.

El 31 de diciembre, Andreas, Jan y Anke viajan a Illinois para asistir al funeral de Cindy.

El 2 de enero de 1989, regresan a Phoenix, sólo para volar a Los Ángeles al día siguiente, donde le pagan $20 a una persona sin hogar para que deje un mensaje en la contestadora de Cindy. Ellos le proporcionan el texto del mensaje, que dice,

"Le corté la garganta a tu esposa [....]. Si no consigo mis cosas pronto, tu novia y tu hermano serán los siguientes y entonces será tu turno [...]. Sé donde estás en todo momento, recuérdalo."

De vuelta en Phoenix, Andreas lleva la cinta a un investigador de habla alemana que se supone que la traducirá. Remite urgentemente a su visitante a la policía.

Al mismo tiempo, la policía descubre que Cindy contrató un seguro de vida poco después de su matrimonio, identificando a su esposo, Andreas, como el beneficiario en caso de su muerte. En relación con la supuesta amenaza falsa en el contestador automático, Andreas, Jan y Anke se convierten en los principales sospechosos de asesinato.

El 5 de enero, la policía de investigación colocó a un total de once agentes alrededor del complejo de apartamentos donde Andreas ahora vive con Anke y Jan alrededor de las 8:30pm, un policía vestido de paisano llama a la puerta de su apartamento. Quiere asegurarse de que los tres están en casa. Andreas abre la puerta y el oficial tartamudea algo así como: "Lo siento, me he equivocado". Andreas inmediatamente llama a la policía y denuncia el extraño incidente. Al día siguiente, se le ordena que vaya a la comisaría de policía para que le proporcione un retrato del hombre. No sabe que es una trampa.

Anke y los dos hermanos llegan a la comisaría el 6 de enero. Los policías hablan con cada uno de ellos individualmente. Dejan a Anke sola durante varias horas en el vestíbulo, hasta que llega el momento adecuado. De repente, los oficiales de policía le piden a Anke que venga para interrogarla. Instan a la mujer a decir la verdad sobre el asesinato de Cindy Monkman.

Si confiesa, le prometen inmunidad total por todos los cargos, impunidad absoluta. Los investigadores aumentan la presión al presentarle repetidamente a Anke fotografías del cuerpo de Cindy, brutalmente tratado. Anke pronto se derrumba como un castillo de naipes. Ella confiesa a la policía que Andreas, Jan y ella planearon el crimen juntos por el dinero de la póliza de seguro. Los hermanos son puestos inmediatamente bajo custodia. El 9 de enero, la policía registró el apartamento de Cindy y confiscó una ballesta, las zapatillas de tenis de Andreas y dos rollos de película fotográfica.

Poco después, Anke escribe unas cartas a Jan en la cárcel. Estas cartas confirman su participación en el asesinato de Cindy y son confiscadas por la policía como una prueba importante. Asimismo, una carta de Andreas a Jan, en la que escribía en alemán, "Conocí a un tipo que sale en 2-4 días y luego estaremos libres en 1-2 semanas [...]. La policía no puede hacer nada".

Los hermanos son juzgados por separado. En ambos juicios, Anke aparece como testigo. Con su testimonio, ella implica gravemente a Andreas y trata de exonerar a Jan diciendo que no vio ni un cuchillo ni rastros de sangre.

En el juicio contra Jan, sin embargo, la cosa dará un giro decisivo. Un experto, comisionado por el propio abogado de Jan, anuncia en la corte que el acusado debe ser diestro debido a las investigaciones en la escena del crimen.

Sin embargo, Andreas es zurdo, y Jan es diestro. El jurado está convencido de la opinión de los expertos. Después de todo, fue comisionado por la defensa, así que ¿por qué dudarlo?

Andreas es condenado a muerte por el Tribunal Superior de Arizona el 10 de agosto de 1990. Su hermano Jan recibió la misma sentencia el 8 de enero de 1991.

La primera fecha de ejecución de Andreas es el 5 de junio de 1989. Sin embargo, un procedimiento de apelación federal da lugar a un aplazamiento y, por lo tanto, Andreas aguantaría unos meses más en el corredor de la muerte en la prisión de alta seguridad de Florence, Arizona.

La sentencia de muerte de Jan fue sustituida por cadena perpetua por la jueza Silvia A. en mayo de 2009 porque se demostró que Jan tiene retraso mental. El experto alemán Frank Schneider ya lo había clasificado como tal. Sobre la base de este dictamen pericial, su abogado solicita primero la abolición de la pena de muerte y el tribunal acepta la solicitud. En su decisión, el juez Arellano señaló que Andreas hablaba suficiente inglés en el momento del crimen como para alquilar una propiedad y contratar un seguro. Su hermano, por otra parte, había asistido a varias escuelas de educación especial cuando era niño y había sido expulsado del ejército alemán. Como resultado, se obsesionó con Andreas.

¿Pero cómo pudo Cindy enamorarse de Andreas?

Cindy Monkman nació el 16 de septiembre de 1959. Creció con su hermana, Kathy, y su hermano, John, en relaciones familiares normales. Cuando Cindy tenía 7 años, su madre murió. Por eso, la familia creció aún más unida.

Cindy acababa de cumplir 30 años cuando conoció a Andreas y se enamoró de él. Era una joven abierta, alegre y hermosa. Tal vez fueron las mariposas del amor las que hicieron que Cindy pasara por alto las señales de advertencia, o tal vez no podía adivinar el despiadado plan en el que se había visto envuelta.

El asesinato de Cindy muestra cómo la bondad y el afecto pueden ser explotados sin piedad. Resultó ser un desastre mortal para Cindy Monkman, una joven que simplemente se enamoró y se sintió responsable de apoyar incondicionalmente a su pareja.

Capítulo 4:
Enfermedad del amor

En los años 70, George hubiera dado cualquier cosa por trabajar en la policía. Tal vez esta sea una reacción normal a los muchos cambios que se produjeron en esta década en particular. George Nixon es elegido presidente en Estados Unidos y se tropieza con el escándalo de Watergate. La guerra de Vietnam se cobra innumerables muertos y heridos. Se toman rehenes en los Juegos Olímpicos de Munich y un sacerdote polaco se convierte en papa. Por otro lado, los años 70 también están marcados por cosas tan deslumbrantes como el movimiento hippie, los pantalones de campana, las botas disco, Bhagwan y el primer videojuego llamado Pong. También es el momento de los grandes clásicos del cine como Apocalypse Now, Clockwork Orange, Star Wars y el muy poco convencional Rocky Horror Picture Show.

Nacido en 1955 en Miami, Florida, George Manuel Bosque estaba fascinado con la idea de unirse a la policía y garantizar el orden público. El adolescente de ascendencia cubana esperaba ansiosamente su graduación, después de la cual podría por fin solicitar su ingreso como agente del orden público. Sus puntos de vista ultraconservadores eran bastante inusuales para un hombre tan joven de esta época tan colorida, por lo que incluso alguien lo llamaría más tarde "el autoproclamado nazi". De hecho, George tiene un gran problema con cosas como la desnudez, la homosexualidad y, en su opinión, la "exaltación de los narcóticos". George mantenía una lucha permanente por sus fuertes creencias y escribía cartas a los periódicos condenando abiertamente estos comportamientos. En esta época de grandes y revolucionarias películas, su fascinación por esta actitud jugará un papel decisivo en su vida.

Después de su graduación, siguió adelante con su plan de presentarse a las agencias estatales para formar parte del cuerpo de policía. Cuando rechazaron su primera solicitud, Bosque no se rindió. Todavía había muchas comisarías de policía en el país, ¡ya que los Estados Unidos son bastante grandes! escribía y enviaba solicitudes una y otra vez... pero sólo le devolvían las negativas. El hecho de que nadie quisiera contratarlo, cuando tanto deseaba el trabajo de policía, era una bofetada en la cara para el joven talentoso y entusiasta. Eventualmente, se ve obligado a admitir que nadie le dará una oportunidad, no importa cuánto lo intente. Tal vez este sea el momento en que las creencias ultraconservadoras de George pierden su brillo y empiezan a desmoronarse. ¿Qué se supone que debe hacer si la gente "normal" no apoya sus ambiciones? Resignado a su destino, acepta un trabajo como guardia de seguridad en Brink's, un gran proveedor de servicios de seguridad en San Francisco, donde principalmente transporta objetos de valor. Esto es lo más cercano a su soñado trabajo que Bosque puede encontrar.

Sorprendentemente durante este tiempo, el joven se deshace de algunas de sus opiniones más estrictas. La homosexualidad, en particular, de repente ya no parece asustarlo y por caprichos del destino se enamora de Carl D., a quien llamará el amor de su vida. George crece con este amor. Se siente en las nubes y disfruta el momento y su vida. Hacia finales de los años 70, en el soleado San Francisco con su gran amor, el joven de Miami disfruta de la gran libertad que le da la sensación de sentirse el más afortunado del planeta, pero pronto llegan los 80, y su felicidad termina tajantemente.

En 1980, Carl rompió con él. Probablemente utilizó las típicas frases como: "simplemente no encajamos" , "esto no funciona" o "somos demasiado diferentes"; etc,. George es arrojado de vuelta a la tierra desde su pequeño cielo personal, a la miseria desde la que vino y se repente vuelve a ser un don nadie.

En este momento George Bosque se vuelve loco. Algo en su mente se tuerce y literalmente enloquece. Más tarde diría que, en ese momento, muchos pensamientos confusos aterrizaron en su cabeza, y luego, de repente, supo qué hacer. Se dio cuenta de la única solución a todos sus problemas e inmediatamente se puso a trabajar. Sin embargo, Bosque ahora actuaba frío, como una máquina.

Los transportes financieros de su jefe, Brink's, son constantemente objeto de deseo criminal, pero el 15 de agosto de 1980, George tiene éxito en lo que muchos otros fracasaron: robar su propio transporte de dinero blindado que, en el momento del crimen, contenía 17 millones de dólares en fondos de bancos hawaianos para el Banco de la Reserva Federal en San Francisco. ¿es eso suficiente dinero para resolver el montón de problemas personales y quizás incluso para recuperar el corazón de su amor que tanto le faltaba, Carl?

George es cuidadoso y sólo toma dos fajos de billetes de 50 dólares y dos bolsas de billetes de 100 dólares. Luego se instala con sus 1,85 millones de dólares de "dinero de bolsillo" y huye al Aeropuerto Internacional de San Francisco, donde pierde su rastro.

Lo que sigue habla de la locura. La gente de Brink's está furiosa por el descarado robo e incluso establecen una recompensa de 150.000 dólares por la captura de su antiguo colega, George Bosque. Algunos asumen que se ha ido a Sudamérica, en particular a Perú. No sólo la policía busca enérgicamente al joven de 25 años, sino que la compañía de seguros, Lloyd's de Londres, que asegura la hermosa suma, también lo hace. Todo el mundo está a la caza de George Bosque, pero nadie descubre ni rastro de él y sin embargo estaba casi delante de sus narices.

Viajando por todo Estados Unidos, estaba gastando el dinero robado con imprudente descuido.

En su delirio, George vive desatado y disfruta cada momento. Da rienda suelta a todos los deseos que siempre ha tenido y que ha reprimido durante todos estos años. Es casi como si el robo del millón de dólares fuera el evento desencadenante para dar vida al verdadero George Bosque. ¡Y realmente sabe cómo celebrarlo!

George aparece por Denver, Chicago y Florida, pero sobre todo por Nueva York, donde se convierte en un icono de la escena gay underground. Y no es de extrañar, Bosque era extremadamente generoso y le gustaba compartir su nueva riqueza con los demás. Cualquiera que le pide dinero, desde amigos hasta organizaciones benéficas, lo recibe sin más. Más adelante explicará que: "Mi mayor placer con el dinero se produjo cuando lo compartí con otras personas".

Bosque también se da el gusto a sí mismo. Vive en exclusivas suites penthouse y se deja llevar en limusinas, helicópteros y barcos cuando necesita viajar o simplemente quiere dar un paseo. Gasta hasta $60,000 para rediseñar un apartamento en Greenwich Village con un opulento estilo art decó. El apartamento se alquilaba por $1,160 al mes. Además de los asientos modulares cubiertos con piel de elefante, compra una mesa de comedor de unos 10.000 dólares.

George disfruta de las cosas bellas de la vida al máximo. Desafortunadamente, la cocaína también es parte de su nueva forma de vida, y no "una rayita" de vez en cuando, sino cantidades sustanciales. El polvo blanco está siempre cerca de Bosque.

En algún momento llega el aburrimiento de la fiesta permanente y comienza a buscar un nuevo proyecto en el que pueda hacer algo bueno por sus amigos y hacer de él parte de los anales de la historia del cine. Bosque invierte una suma de seis cifras en una producción pornográfica, ¡pero no cualquier porno! El porno gay, "Centuriones de Roma", es un hito en casi todos los sentidos. La película de fantasía masculina cuesta la entonces exorbitante suma de 200.000 dólares (el equivalente a 600.000 dólares hoy en día), de los cuales 160.000 dólares son del bolso personal de George Bosque. No es de extrañar, ya que la película de culto estalla en cada fotograma de este género por numerosos superlativos. Hay varios decorados detallados para las escenas de la antigua Roma y un total de 32 "actores".

Bosque disfruta mucho de su nuevo papel como productor pero, sobre todo, es importante para él que la su elenco también esté contento. Por eso el catering no sólo incluye bebidas calientes y frías y aperitivos, sino también otras cosas para entrar en el ambiente de grabación adecuado: mucha cocaína de primera clase (gratis, por supuesto). "Centuriones de Roma" pasará a la historia como la película en la que la cocaína gratis formaba parte del catering diariamente.

Gracias a George, los actores y el equipo reciben sus cheques de pago diariamente y una bonita suma de dinero les espera al final de cada día.

A pesar de estas "excelentes" condiciones, el proyecto se convierte en un desastre. Una razón son los ridículos diálogos que Bosque escribe en el último minuto antes de rodar. Además, ninguno de los intérpretes había montado en un caballo antes, por lo que las numerosas escenas de montar a caballo son absolutamente embarazosas de ver. Bosque también insiste en que las escenas sean filmadas en un club de fisting local, simplemente porque se le promete una membresía gratuita de por vida allí.

George Bosque se derrumba antes de que empiece la postproducción. Apenas 15 meses después de su sensacional golpe de estado, sus nuevos amigos también han desaparecido. Finalmente decide regresar a San Francisco para buscar a su amado Carl

D. Lo que no sabe es que su antiguo amante se ha mudado a Texas. Sin embargo, la llegada de Bosque es muy esperada en San Francisco. En noviembre de 1981, la policía lo arrestó en el aparcamiento de un supermercado.

Su juicio termina en febrero de 1982, cuando Bosque se declara culpable y es sentenciado a 15 años de prisión. Fue puesto en libertad a principios de 1986, pero sólo cinco años más tarde vuelve a los titulares cuando, el 1 de julio de 1991, es encontrado muerto, presumiblemente por una sobredosis. El joven de 36 años se mantuvo fiel a su verdadero amor: las drogas.

Para Brink's, todo tiene un sabor amargo. El FBI sólo pudo recuperar 20.000 dólares. Como resultado del caso judicial y para compensar dichas pérdidas, se les ofrecieron los derechos de los "Centuriones de Roma", pero cuando vieron los detalles de aquella obra en fotos y vídeos, la compañía agradecidamente los rechazó.

Capítulo 5:
La cinta

Después de lo que parecía una eternidad, el último sonido de la cinta de audio finalmente se desvanece, los hombres se sienten como si estuvieran despiertos de una pesadilla sin fin. Uno de ellos coloca sus temblorosas manos en sus muslos para darse un poco de estabilidad después de escuchar la horrible grabación. Otro, lucha desesperadamente contra el nudo de su garganta, incapaz de hacer ruido alguno. De su garganta sólo sale un graznido débil. Lo que acaba de escuchar es tan infinitamente chocante, tan a sangre fría, que incluso los detectives más experimentados sienten su propia debilidad e impotencia en ese momento.

Los gritos de los jóvenes, sus súplicas desesperadas y sus llantos para dejarlos vivir, todavía resuenan en las cabezas de los investigadores. Después, se escucharon disparos y el sonido del golpe contra el suelo cuando caen disparados por un despiadado cazador que los acechaba en la oscuridad de la noche. Sus muertes han degenerado en un surrealista drama de audio. Una escena en la que uno puede participar en directo y, sin embargo, es incapaz de ayudar. Mueren porque un hombre como un acto de "justicia".

Byron David Smith, un ex técnico de seguridad del Departamento de Estado de Estados Unidos de 64 años de edad, está al teléfono. Es extremadamente educado y humilde, ya que llama al Departamento de Policía Comunitaria de Belle Prairie en el Condado de Morrison, Minnesota, el 22 de noviembre de 2012. Quiere denunciar un robo que ocurrió ayer en su casa. Dijo que no quería molestar a la policía denunciándolo en las vacaciones. Dos personas murieron en el incidente porque Smith tuvo que ejercer su derecho a la autodefensa, explica con calma.

La policía está irritada. Presumiblemente, no es tanto el hecho de que el pensionista haya hecho uso de su derecho a protegerse de los intrusos, sino más bien, la objetividad casi alegre con la que lo presenta. Es el deber de la policía ir a su casa en Little Falls para verlo por sí mismos. Smith los espera en la puerta principal y de buena gana los conduce a los cadáveres en el sótano que están uno al lado del otro. El pensionista incluso se disculpa por el desorden, mientras conduce a los investigadores por las empinadas escaleras y a través de las sombrías y ligeramente húmedas habitaciones del sótano con los muebles desgastados. Después del incidente, todavía no había venido a limpiar, explica. Luego señala los cuerpos de los ladrones y su voz casi resuena con orgullo cuando se lo cuenta a los policías.

Los hombres dan un paso al frente, e inmediatamente entran en estado de shock. Lo que ven es difícil de creer. Frente a ellos, en el suelo, se encuentran los cadáveres de dos adolescentes, Haile Elaine Kifer, de 18 años, y su primo, Nicholas Brady Schaeffel, de 17 años. Ambos son rostros familiares, pero lo que sorprende a los policías, que normalmente están acostumbrados a verla cosas bastantes desagradables, son sus apariencias. Ambos están cubiertos de sangre, yaciendo en un oscuro y espeso charco. Están literalmente cribados con balas. ¿Fue en defensa propia?

El sheriff Michel W. reflexiona brevemente y luego se dirige a Smith, quien sigue sonriendo con una expresión amistosa, y arresta al hombre cuya actitud es de completa sorpresa. Al salir del sótano, la mirada del sheriff recae sobre una grabadora de audio cerca de un sillón que no se puede ver desde las escaleras. Es más bien un presentimiento lo que hace que el policía se lleve la grabadora con él y, de hecho, más tarde resultará ser una prueba importante.

Byron David Smith es muy conocido en Little Falls. Es un antiguo ingeniero de seguridad del gobierno que, durante su tiempo en activo, viajó a Moscú, Bangkok y Pekín. Vive solo en su casa con un gran jardín, que es demasiado grande para una persona, especialmente cuando ya no eres tan joven. Por eso, en el verano de 2011, Smith pregunta a algunos jóvenes del barrio si les gustaría cuidar de él y ganar unos cuantos dólares. Entre ellos se encuentran el despreocupado Haile Elaine Kifer y su primo Nicholas Brady Schaeffel, de los que se rumorea que tienen vínculos con las drogas.

Smith es muy amigable con los adolescentes. Él espera que trabajen duro, pero por otra parte, también los invita a comer y beber a su casa. A veces, sólo habla con ellos. Es probablemente durante estos momentos juntos que Haile y Brady conocen todo el interior de la casa y de las pertenencias y posesiones de Smith. Tal vez esto despertara sus deseos. A través de estas visitas, Haile y Brady también aprenden que Smith es un poco raro en cuanto a su seguridad y más adelante, un vecino lo calificaría incluso como "comportamiento paranoico". Debido a que el pensionista se siente amenazado constante e injustificadamente, tiene múltiples armas en su casa e incluso instala en casa un sistema de seguridad propio. Además, ha creado una especie de "código secreto" para la puerta, de forma que sólo se abrirá si conoces la secuencia de golpes grabada en la memoria del sistema.

Cuando Smith decide prescindir de los servicios de Haile y Brady para el año siguiente, es cuando comienzan los robos en su casa. Más tarde le dirá a la policía que fue robado seis veces en 2012 antes del Día de Acción de Gracias. De hecho, hay indicios de dos robos anteriores pero, curiosamente, los crímenes nunca fueron denunciados a la policía. Aparentemente, los criminales buscaban dinero en efectivo, ya que un total de $4,000 en efectivo, el reloj de prisionero de guerra del padre de Smith, monedas de una colección y una motosierra fueron robados.

El pensionista no lo denuncia todo porque no confía en que la policía local sea capaz de evitar que algo así vuelva a ocurrir. Decide que tiene que ocuparse de ello él mismo. Nadie más que él parece ser capaz de ocuparse realmente de este lío. Inicialmente, Smith comienza a llevar una un arma enfundada y cargada cuando está por los alrededores de su casa, ya que quiere estar preparado por si alguien aparece sin invitación. En su sótano, establece una especie de "cuartel general". En este campamento base, el ingeniero de seguridad deposita algunas botellas de agua y barras de muesli. Quiere estar preparado en caso de que tenga que pasar mucho tiempo allí, tal vez mientras espera a alguien....

Los adolescentes no saben que Smith está tendiéndoles una trampa. Smith ya sabe que han entrado repetidamente en su casa y en lugar de exigir justicia a las autoridades, sólo quiere venganza. Más tarde, los críticos incluso especulan que sus planes podrían haber sido mucho más ambiciosos y que la oferta de trabajo en sí misma ya formaba parte de este entramado.

Haile es una chica alegre y despreocupada a la que le gusta comprar cosas bonitas. Quiere vivir y divertirse, pero sin dinero, sus posibilidades son limitadas. Pasa mucho tiempo con su primo menor, a quien le gusta tomar drogas ocasionalmente. Aparentemente, el pequeño pueblo no ofrece suficiente variedad para adolescentes aventureros como él. ¿Es el aburrimiento o el deseo de emociones lo que les da la idea de robar en la casa de Smith? Lo conocen bien y saben dónde encontrar cosas que se pueden convertir en dinero. De hecho, están tan seguros de que el pensionista se está convirtiendo poco a poco en una especie de "hucha" para ellos.

En el Día de Acción de Gracias de 2012, los eventos tienen lugar con una consistencia que ningún guionista de Hollywood podría haber imaginado con mayor precisión.

La función empieza cuando Smith parece salir de su casa. En realidad, se sienta en su camión y se dirige a la casa de un vecino.

Allí, aparca su vehículo y regresa a su casa pasando desapercibido. Smith baja a su sótano, apaga todas las bombillas y se sienta en el cómodo y viejo sillón en un rincón oscuro y escondido que es prácticamente invisible desde las escaleras. El jubilado tiene un buen libro y dos rifles a mano, así como suficientes alimentos, bebidas y otras provisiones que ya estaban preparadas con antelación. Para pasar el tiempo de espera, Smith habla a una grabadora de audio digital, que a partir de ahora, graba los eventos en el sótano.

Las grabaciones que se recogen de sí mismo mientras espera a los ladrones se convertirán más tarde en una parte importante de la evidencia para el Sheriff W. , lo que le llevará a creer que Smith ha estado planeando su venganza desde el principio y hasta el más mínimo detalle, ¡porque desde el principio graba todo su plan repasando todo lo que tenía planeado!

Mientras tanto, Haile y Brady no saben nada de nada. No saben que se les está tendiendo una trampa y sólo pueden esperar las terribles consecuencias. Los adolescentes sólo ven que Smith se va de su casa, consideran toda la situación como una oportunidad perfecta para coger un poco más de dinero de su hucha particular.

Brady, de 17 años, rompe una ventana y entra primero en la casa, dirigiéndose hacia la bodega. El joven se siente seguro y tiene la impresión de que hay tiempo suficiente para buscar algo útil. Un total de 12 minutos pasan antes de que baje las escaleras, donde Smith espera pacientemente al adolescente en la oscuridad con una pistola en la mano.

Es casi como si un cazador estuviera esperando a su presa, porque cuando Brady está en las escaleras, el jubilado le dispara dos veces. Al no ver a su atacante, el niño se desmaya, está gravemente herido y cae por las empinadas escaleras. Aterriza boca abajo y yace gimiendo y moviéndose delante del viejo. Pero el despiadado cazador no conoce la compasión, Smith le dispara en la cabeza con precisión y extrema frialdad. Hecho.

¿Es la alegría de un cazador exitoso lo que hace que Smith se burle de su víctima muerta? Esto dura poco tiempo, porque el hombre sabe que Haile todavía está en alguna parte de la casa, por lo tanto, envuelve al niño en una lona y lo arrastra a una habitación contigua ya que nada debería revelarle a la chica lo que acaba de ocurrir aquí.

Smith regresa a su silla, recarga y se prepara de nuevo. La grabadora sigue funcionando y graba los pensamientos que el pensionista comenta durante todo el tiempo. Él ve la acción como una operación para despejar el caos. Para él, este acto de represalia es su deber como ciudadano, porque el propio sistema de enjuiciamiento penal no parece estar en condiciones de garantizar el orden público. "Tenía que limpiarlo" parece ser la convicción interior del hombre mientras espera a su próxima víctima, durante unos 15 minutos.

Su cuerpo se vuelve a llenar de concentración helada cuando oye a Haile llamar a su primo arriba. Unos momentos después, la chica está en la escalera. Duda brevemente debido a la oscuridad, pero luego comienza a bajar las escaleras hasta el sótano. En este momento, Smith le apunta y dispara. El golpe inmediatamente hace que Haile se caiga de los pies y se cae por las escaleras en estado de shock. Grita horrorizada y expresa gritos desesperados como: "Lo siento" y "¡Oh Dios!" Nada de esto impresiona al autoproclamado vengador. Dispara varios tiros más en la parte superior del cuerpo de la niña indefensa mientras pide clemencia. Un disparo le roza la sien izquierda, y todavía sigue viva. Obviamente, a Smith también le gusta burlarse de ella, finalmente le da a su segunda presa el tiro de la muerte directamente debajo de la barbilla, antes de arrojar el cadáver sobre su hombro y amontonarlo sobre el cuerpo de su prima en la habitación de al lado..

Todo esto no sólo se graba en la grabadora de audio, sino también en las cámaras de seguridad instaladas, porque Smith cree que está actuando completamente de acuerdo con la ley. Él simplemente ve toda la situación como una respuesta de emergencia para protegerse de los ladrones potencialmente armados.

Sin embargo, el jurado verá todo el asunto de manera muy diferente. El juicio de 2014 no duró mucho, sólo 11 días. El jurado sólo necesitó tres horas de consejo para encontrar a Byron David Smith culpable. Según varios informes legales basados en la "Doctrina del Castillo" de Minnesota, los primeros disparos a los adolescentes fueron legales. Sin embargo, hay muchas pruebas que hablan con la misma claridad de la intención y el uso excesivo de la violencia. Por ejemplo, Smith fingió que se había marchado y no informó a la policía de los robos porque, en su opinión, no podría tomar las medidas adecuadas. Por lo tanto, ejerció la justicia por su mano. Las grabaciones fueron otro punto de referencia importante para el jurado, que apoyó la conclusión. El veredicto finalmente encontró a Smith culpable de dos cargos de asesinato en primer grado con premeditación y dos cargos de asesinato en segundo grado.

Para Smith, hubo un error en la manera en la que se le juzgó, razón por la cual sus abogados apelaron a la Corte Suprema de Minnesota ese mismo año, pero el tribunal confirmaría el veredicto dos años después. Todo esto no fué razón para que Smith reconsiderara su punto de vista sobre todos los eventos del Día de Acción de Gracias. A finales de 2018, su abogado apela al Tribunal de Apelaciones de los Estados Unidos con la esperanza de reexaminar el caso de su cliente., este se anula porque el certificado se expidió con errores formales cometidos en la audiencia anterior. Más concretamente, el juez temía que los medios de comunicación influyeran en el jurado en 2014, por lo que excluyó al público de la sala de audiencias el quinto día y esto no debería haber pasado.

Por lo tanto, al final, ¿es realmente este pequeño error sobre formalidades la razón por la que Smith es capaz de volver a una vida de libertad después de todo lo que hizo?

Capítulo 6:
Muerte súbita del
lactante

La inscripción en la lápida de un niño cariñosamente decorada conmueve a los visitantes que pasan por allí: "Cariño, te extrañamos." No hay nada peor que perder a tu propio hijo cuando no puedes siquiera verlo crecer, con todos los altibajos que la vida trae consigo, como el primer amor, la graduación o el matrimonio. Mientras algunos reflexionan sobre estos pensamientos, otros plañideros notan algo más: el cementerio de Bovina, Texas, donde el sol abrasa el ambiente, tiene cinco lápidas de este mismo tipo en sus áridas tierras y todos tienen la misma inscripción: "Cariño, te extrañamos".

Diana Lumbrera nació en 1958 en Friona, Texas, la primera hija de Antonio de 25 años y

Juanita Lumbrera de 19 años. Son latinos y, por tanto, siempre han sido sospechosamente vistos por los "blancos" en Estados Unidos. La vida no es fácil para la familia Lumbrera, ya que hay que alimentar a siete niños. Tal vez Diana está particularmente necesitada de amor, y requiere desesperadamente más atención de sus padres, pero cuando se hace mayor, madura rápidamente y asume la responsabilidad de los más pequeños, a pesar de que este papel no sea de su total agrado.

Diana, irónicamente, disfruta al máximo cuando cae enferma porque recibe todo el cuidado y la atención que le son tan necesarios y que tanto anhela. ¿Quizás esta es la razón que alimenta la incipiente hipocondría de la niña? A la edad de 13 años, Diana ya es perfectamente capaz de fingir estar enferma y hacer que todo el mundo sienta pena por ella, pero lamentablemente, el deseo de independencia y libertad, la fuerte necesidad de seguir su propio camino y satisfacer sus propias necesidades, llevan a Diana a ser expulsada de la escuela.

Antonio y Juanita, soñando con el progreso social como todo el mundo en los EE.UU., están horrorizados y culpan a su hija. La adolescente está harta y decide abandonar el hogar rápidamente. Sin más preámbulos, se casa con Rodolfo Carrillo. Ella sólo tiene 14 años y Rodolfo 18, pero sus padres dan su consentimiento porque simplemente están contentos de deshacerse de la chica que, en su opinión, está completamente fuera de rumbo. Sólo un año después, Rudolfo tira la toalla y deja a Diana y este es el momento en que su destino da un giro decisivo. En 1974, conoce a Lionel Garza, el hombre que será el padre de sus primeros hijos y con quien se casará más tarde.

La primera en nacer es Melissa, la hija en la que Diana puede reconocerse a sí misma.

Ella quiere mucho a la pequeña y no quiere separarse de ella en absoluto. Todos a su alrededor están conmovidos e impresionados por cómo una niña que solía ser tan salvaje puede convertirse en una madre tan maravillosa y cariñosa.

Aunque Diana sólo tiene 16 años cuando da a luz, se adapta a la perfección al papel de una madre cariñosa y tierna, desea todo lo mejor para si hija y la adora. Nadie se sorprende de que Lionel y Diana conciban rápidamente a su próxima hija un año después, Joanna nace. Una hermosa chica con la que los orgullosos padres atraen muchas miradas. Diana hace todo lo que puede para estar a la altura de su doble responsabilidad como madre, y aunque cuidar a un recién nacido y a una niña pequeña que aprende a caminar es un verdadero desafío, nadie oye una sola palabra desagradable sobre ella. La joven está completamente absorta en la alegría de la maternidad.

El 30 de noviembre de 1977, un fuerte golpe sacude el pequeño y acogedor mundo familiar de Diana y Lionel. Ambos viven felices juntos, aunque en ese momento un matrimonio sin certificado de matrimonio sigue siendo ofensivo en el conservador Texas.

Los médicos y enfermeras de la sala de emergencias interrumpen su trabajo por un momento mientras la pesada puerta principal se abre y entra una pequeña mujer completamente rota y llorando a mares. En sus brazos, sostiene un pequeño bulto: un bebé, aparentemente, que presiona cerca de sí misma. Ella grita, llora y pide ayuda. Joanna, su amada Joanna, ¡ha dejado de respirar! Gritando que tenía calambres y que tenían que ayudarla, el personal del hospital reacciona a la perfección y a gran velocidad. El bebé de 3 meses no tiene vida y ya no respira. Inmediatamente, todo está preparado para una reanimación. ¡Todos rezan para que no sea demasiado tarde! Una y otra vez, comienzan con los intentos de reanimación mientras que en el fondo la joven madre desesperada llora y solloza, pero a pesar de los mejores intentos de los médicos y enfermeras, finalmente se dan cuenta de que ya no pueden hacer nada por la niña. Poco a poco, sus rostros grises y exhaustos se vuelven hacia la madre y el médico principal sacude la cabeza. Es demasiado tarde.

Sin dar crédito, Diana comienza a gritar de nuevo, y esta vez con dolor y rabia. Empieza a encadenar acusación tras acusación contra el personal, acusándolos de no haberlo intentado con la intensidad y el tiempo suficiente. ¡Dejaron morir a su bebé! Mientras algunas enfermeras llevan a la mujer, que está fuera de sí, a un lado y le explican que la *muerte súbita de un niño* desgraciadamente ocurre de vez en cuando, Diana Lumbrera lucha por calmarse. Su evidente y profundo sufrimiento afecta a todos. Un médico confirma posteriormente que la muerte fue una asfixia resultante de convulsiones anteriores. Con esa declaración, cierra el expediente y no se realiza una autopsia.

Ese mismo año, Lionel Garza y Diana Lumbrera se comprometen a casarse. Él también sufrió mucho por la asfixia de su pequeña hija. Tal vez el matrimonio es su desesperado intento de compensar algo, de terminar con las constantes disputas con Diana y mantener unido al resto de su pequeña familia. Gradualmente, Diana comienza a sentirse mejor y lentamente comienza a participar en la vida de nuevo - al menos hasta el 10 de febrero de 1978.

Ese día, la joven aparece de nuevo en el hospital, esta vez en Bovina, y lleva en brazos a su hijo José, de apenas dos meses de edad. Tuvo calambres severos, luego su respiración se detuvo, ella les dijo a los doctores y les rogó que lo salvaran. ¡No podía soportar otra pérdida de un hijo amado! Esta vez el niño pequeño todavía muestra signos débiles de vida y, de hecho, en este caso, la reanimación del bebé tiene éxito, casi nadie puede creer su mala suerte. Para descartar complicaciones y encontrar la causa de los calambres, el pequeño José es trasladado a la unidad de cuidados intensivos pediátricos de Lubbock, pero nadie puede encontrar nada inusual. Todos los datos sugieren que José goza de buena salud.

Luego, el 13 de febrero, una señal de alarma suena desde su pequeña cama. La enfermera corre inmediatamente hacia José, sólo para ver a Diana salir de su cuna. Según el personal de la clínica, le iba bien por la tarde, al menos hasta que Diana llama a su marido y le dice que su hijo se está muriendo. Poco después de las 6:30 p.m., el bebé muere e inmediatamente después su madre sale corriendo de la habitación llorando. Aún así, nadie sospecha nada. Más bien, todo el mundo se siente terrible por la pobre mujer que sufre y que tiene que soportar tanto.

Entonces, sólo 8 meses después, escenas similares se desarrollan en el hospital municipal de Bovina. Ese día, la Sra. Lumbrera llega a la sala de emergencias con su primogénita, Melissa, que ahora tiene tres años, y pide ayuda. Esta vez, la niña en sus brazos ya está muerta y la reanimación no cambia la situación. Una vez más, Diana describe las convulsiones misteriosas como la causa de la asfixia. Según los médicos, se ha asfixiado por tragarse su propio vómito.

Diana se divorcia de Lionel en 1979. Para algunos, parece que la joven finalmente quería acabar de culminar su desgracia. Más tarde, se dijo que era muy supersticiosa y creía en maldiciones y espíritus malignos. Una amiga incluso dijo que su suegra maldijo a la pobre Diana, lo que le causó mucha desgracia.

En los próximos 7 años, Diana tendrá 3 hijos más y los perderá a todos. Ninguno crecerá lo suficiente. Una y otra vez habla de misteriosos calambres que se dice que causaron la muerte por asfixia. Y de nuevo, todos sienten pena por la pobre madre.

Finalmente, ni siquiera los hijos de sus parientes

están ya a salvo.

¿Es posible que la maldición de la suegra siga presente? El 8 de octubre de 1980, la hija de un primo de seis semanas de edad, muere de nuevo como resultado de calambres, y todavía nadie sospecha nada.

Un total de 7 niños mueren y el mayor tiene sólo cuatro años. Este niño, de todos los niños, resulta ser el último de esta terrible serie de muertes. Esta vez, el hospital llamó a la policía. Cuando finalmente comienzan la investigación, sale a la luz la terrible verdad: una verdad que muchos de los familiares y conocidos de Diana todavía hoy no quieren creer.

José Antonio nació en 1986. Sólo él consigue sobrevivir. A los 4 años y 3 meses, sufre los calambres habituales y su madre lo lleva muerto a un hospital, supuestamente para que pueda ser resucitado allí. pero esta vez, alguien sospecha. ¿Por qué lo hace? El día anterior, Diana llevó a José Antonio al pediatra donde le contó al doctor su historia habitual. Escribió una receta para un antibiótico que, como revela la investigación, nunca se compró. Esta visita, y muchas otras citas con el pediatra, son vistas más tarde como una clara indicación de que Diana había planeado sus acciones a fondo y durante mucho tiempo para contrarrestar las posibles sospechas, pero cuando José Antonio muere, un empleado desconfiado del hospital finalmente saca las conclusiones correctas y alerta a la policía. El detective responsable comienza con un interrogatorio de Diana y empieza a recopilar y listar los eventos de los últimos años. Repasando sus notas de investigación, el hombre se pone tenso del horror que está deduciendo. ¿Podría ser verdad?, ¿Es esta mujer, que se gana la vida como empacadora de carne, un monstruo?

Ahora, los distritos de Palmer, Lubbock y Castro también están comenzando a investigar. Resulta que para cada uno de los hijos fallecidos se había contratado un seguro de vida por un monto de entre 3.000 y 5.000 dólares. Para Melissa, la cantidad de la póliza fue incrementada poco antes de su muerte. Eso era mucho dinero para una latina en ese momento. Diana no estaba inactiva económicamente, ya que la fiscalía pronto descubre que ella inventó la supuesta leucemia de José y la muerte de su padre para obtener un préstamo de $850 a través de su jefe y un funcionario de la cooperativa de crédito. ¿Todos estos asesinatos fueron sólo por dinero?

Más evidencia en contra de Diana es que nadie más que ella ha visto las supuestas convulsiones de sus hijos.

En Garden City, Palmer County, Lubbock County y Castro County, Lumbrera es finalmente acusada de los asesinatos de sus propios hijos y de la hija de su primo. El primer veredicto se dicta después de menos de una hora de deliberación del jurado. Condenada a cadena perpetua. La policía de Texas continúa llevando a la asesina a los juicios y la llevan de regreso a su domicilio. Al final, Diana Lumbrera, que probablemente sufrió una variante especialmente grave del llamado síndrome de Münchhausen, recibe un total de tres cadenas perpetuas. Sin embargo, su tía Elodie afirma que: "Era una madre cariñosa y cuidaba de sus niños".

Capítulo 7:
El reemplazo de
vacaciones

Dixon, Illinois, está a unos 150 kilómetros de Chicago. Se enorgullece de ser el lugar de nacimiento del Presidente de los Estados Unidos Ronald Reagan. También es la ciudad de la famosa marca de fabricación de tractores, John Deere. Se la conoce poéticamente como la "Petunia Capital of Illinois". Es la típica pequeña ciudad americana. Aquí, los relojes hacen tictac de forma diferente. Con sólo 16.000 habitantes, prácticamente todo el mundo conoce a todo el mundo, desde la escuela hasta el trabajo, por lo que aquí suelen confían unos de otros, y no hay muchos más criterios para juzgar a las personas en el trato con los demás. Esto también se aplica a Rita Crundwell, a quien todo el mundo veía como una mujer agradable, modesta y confiable.

Algo parecido ocurría en Dixon con respecto a la administración. En lugar de tener un sistema de ayuntamiento con mecanismos de control y una división de tareas, la honestidad de los ciudadanos que se presentaban a las elecciones era siempre el objetivo principal. Durante mucho tiempo, el gobierno de la ciudad estuvo formado por un alcalde a tiempo parcial y cuatro concejales responsables de los distintos departamentos. En la mayoría de los casos, se valora menos el conocimiento técnico que el hecho de que la persona sea "un buen tipo". Así tuvieron la oportunidad maestros retirados, entrenadores deportivos, agentes inmobiliarios y otros ciudadanos. La mayoría tenía muy poca idea sobre administración o contabilidad. De hecho, durante mucho tiempo Dixon fue una persona con pocas aptutides. La creencia de que todo el mundo es bueno y sólo quiere lo bueno para los demás prevaleció, al menos hasta el día en que una gran coincidencia reveló que faltaban 53,7 millones de dólares en las arcas de la ciudad.

Rita Crundwell, de soltera Humphrey, nace en 1953, una de seis hijos de una familia de clase trabajadora. Ray y Caroline Humphrey se distinguen por una cosa: su amor por los caballos. Más precisamente, caballos de cuarto de milla, una raza de caballos típica occidental que desarrolla una velocidad inmensa en esta distancia. Los Humphreys lograron incluso ganar algunos premios con sus propios caballos en los concursos regionales.

Este amor especial por los caballos de cuarto de milla es lo que impulsará a Rita Crundwell a lo largo de su vida. Su sueño será convertir la modesta crianza en la granja familiar en algo de especial importancia.

Cuando la adolescente tiene 17 años y entra a trabajar en el Ayuntamiento de Dixon, Rita se da cuenta de que también disfruta de este trabajo. Después de la escuela secundaria, en lugar de estudiar, empieza a trabajar a tiempo completo en la ciudad. La joven es inteligente, capaz y comprometida. Rápidamente se familiariza con el tema y gradualmente se convierte en el corazón de la administración financiera. Todo el mundo elogia a Rita, que consigue dominar perfectamente el tema en muy poco tiempo. Siempre es amable, cortés y está dispuesta a ayudar en cualquier situación. En 2011, un antiguo miembro del ayuntamiento dirá incluso: "Es un enriquecimiento para la ciudad. Se preocupa por el presupuesto de la ciudad como si fuera suyo".

En su tiempo libre, Rita sigue criando caballos de forma intensiva. A partir de los veinte años, ya consigue sus primeros éxitos en las exposiciones de cría. Más tarde la mujer de

Dixon será incluso llamada la "Reina de los Caballos" pero antes de esto, a los 33 años, se convierte en la controladora y administradora financiera de Dixon. Tiene una excelente reputación y parece ser perfecta para el puesto vacante. En su vida privada, también lo está haciendo muy bien. Dos años más tarde, gana el Quarter Horses Championship en Indiana y poco después, en Texas, ¡y esto es sólo el comienzo de su meteórico ascenso en la escena de la cría de caballos!

En los años siguientes, Rita aumenta su cría de una o dos docenas de caballos a varios cientos, compra grandes fincas y lleva a cabo extensas reconstrucciones. Después compra otra granja en Wisconsin para su pareja. Además, reconstruye la casa unifamiliar heredada y la convierte en una vivienda de lujo de 325 metros cuadrados con piscina, compra ropa y joyas extravagantes, así como una lujosa casa móvil con encimeras de mármol, suelos de baldosas y, créase o no, cinco televisores. La "Reina de los Caballos" se desplaza a las exposiciones de cría con sus numerosos ayudantes en una flota de vehículos del mismo color, y todo el mundo la conoce y la adora. Rita Crundwell gana un total de 52 Campeonatos Mundiales con sus caballos. No pasa nada en el negocio de los caballos sin Crundwell.

Nadie en Dixon sabe nada de esto. De vez en cuando se publica una pequeña nota sobre los éxitos de Crundwell en los periódicos regionales. Todavía trabaja en su modesto trabajo en la administración financiera por un salario de sólo 80.000 dólares al año. En Dixon, se cree que Rita ganó una gran herencia hace mucho tiempo y, por lo tanto, así es como inicialmente financia su estilo de vida. Más tarde, los ciudadanos sólo asumen que la cría de caballos es muy rentable porque en algún momento se hace conocido el éxito de la cría de Rita Crundwell.

Conforme pasa más y más tiempo en los espectáculos, se le van dando más permisos de tiempo libre en trabajo. Incluso se ofrece a renunciar a su salario por un tiempo, algo que se percibe como benevolente. Además, Rita siempre está disponible mediante correo electrónico o por teléfono cuando está de gira por si surgen preguntas o problemas en la administración. Todo parece como si fuera el tipo de empleada que cualquiera desearía.

Pero también tiene que tomar decisiones desagradables. En 2008, cuando se desencadena la crisis financiera mundial, Dixon es duramente golpeado. Cuando las arcas de la ciudad están casi vacías y los pagos de los ingresos fiscales del Estado de Illinois se atrasan, el análisis de Crundwell deja claro que, para que Dixon salga adelante, unos drásticos recortes serían la única solución. Se recortan muchos beneficios de los empleados y se despide a un tercio del departamento de mantenimiento de carreteras. Otros empleados no reciben ningún aumento de sueldo durante al menos 3 años. Y sí, incluso será necesario que los ciudadanos hagan una donación para salir del hoyo. Sorprendentemente, el estilo de vida personal de Rita no se ve afectado en absoluto. Nadie tiene ni idea de que Rita es la razón por la que la ciudad y sus habitantes están en tan mal estado.

En 2011, a medida que la crisis financiera disminuye, Crundwell se encuentra de nuevo fuera por las carreras de caballos cuando, accidentalmente, la pesona que la reemplaza de forma temporal en la administración se encuentra con un extraño detalle. Kathe S. es secretaria de la ciudad y una las únicas tres funcionarias administrativas. Quiere preparar el informe mensual de efectivo y descubre que aún no ha llegado el informe del estado de cuentas del banco Fifth Third National Bank. Cuando Kathe S. no recibe respuesta a su solicitud por escrito, el secretario de la ciudad llama al banco, un poco molesto, y exige que se le envíe un informe del estado de cada una de las cuentas que la ciudad tiene en el banco.

Cuando finalmente recibe y revisa a fondo los documentos, el oficial administrativo comienza a sospechar. Nunca ha oído hablar de una cuenta llamada: "sistema de reservas de inversión para alcantarillado". Tal vez es por eso que echa un vistazo más a fondo y se sorprende al encontrar que esta cuenta siempre recibe cantidades asombrosamente altas, ¡a veces con cifras de seis dígitos! Entonces, Kathe S. descubre otra cosa aún más extraña. Alguien permite que los gastos de su tarjeta de crédito personal sean imputados de esta cuenta municipal. Encuentra débitos de gasolineras, grandes almacenes y mucho más. Cuando Kathe S. lee el nombre del titular de la tarjeta, no puede creer lo que ven sus ojos: Rita Crundwell.

Totalmente sorprendida, no sabe qué hacer al principio, y se guarda el secreto para sí misma ya que, después de todo, las dos se sientan juntas en el trabajo. Se estremece al pensar en lo que Crundwell ha hecho y sospecha que está usando la cuenta secreta para sus historias personales con los caballos. Unos días más tarde, Kathe S. habla confidencialmente con el alcalde, James B, en la oficina de éste, quien también está completamente horrorizado. Ambos deciden sobre su impotencia y llaman al FBI.

A los dos se les indica que no dejen que ninguna de sus sospechas se hagan públicas mientras la investigación esté en curso. Esto dura seis meses, pero cuando los hechos están finalmente sobre la mesa y la magnitud de la malversación de fondos de Rita Crundwell se hace evidente, el FBI decide que es hora de actuar.

El martes 17 de abril de 2012, los funcionarios entran discretamente en el Ayuntamiento de

Dixon y se dirigen directos a la oficina del alcalde. El alcalde llama a Rita Crundwell a su oficina y la deja sola con los agentes del FBI. El interrogatorio intensivo dura dos horas, después de lo cual, la "Reina de los Caballos" sale esposada del ayuntamiento para no volver a entrar nunca más.

Quizás fue porque los ciudadanos de Dixon estaban horrorizados de que algo así fuera aparentemente posible en su ciudad, pero el juicio se desarrolló increíblemente rápido. Para el 14 de noviembre de 2012, Crundwell se había declarado culpable de fraude por ocultar información, probablemente para prevenir algo peor, y fue sentenciada a 19 años y 7 meses de prisión.

Durante el transcurso del juicio, el alcance total de sus actividades fraudulentas se revela como el caso más grande de fondos comunitarios malversados hasta la fecha. En promedio, Rita Crundwell robó cerca de $2.5 millones al año, durante más de dos décadas, en una ciudad que sólo generaba $8-9 millones al año.

Durante 22 años, entre 1990 y 2012, Crundwell se enriqueció a expensas del estado transfiriendo un total de $53.7 millones de las cuentas de la ciudad a la cuenta secreta de alcantarillado que estableció para este propósito. Inicialmente, sólo se transfirieron pequeñas sumas, pero al final las cantidades fueron aumentando cada vez más. Su método era bastante simple. Crundwell contabilizó los ingresos fiscales debidos a la ciudad de Dixon en un fondo de inversión pública real. A continuación, elaboró las facturas de un proyecto de inversión ficticio y abonó el importe mediante cheque en su cuenta secreta. Rita Crundwell facturó proyectos inexistentes y luego se pagó a sí misma las facturas. Como administradora financiera, tiene derecho a firmar todas las órdenes de pago ella misma y, al mismo tiempo, liberarlas para el pago. Nadie la controla. Las 177 facturas eran miserables falsificaciones con errores tipográficos, falta de datos de contacto y el escudo de armas obligatorio del Estado de Illinois. Si alguien lo hubiera mirado seriamente, le habría llamado la atención inmediatamente. Pero eso nunca sucedió, ni por los auditores de Clifton Gunderson comisionados por la ciudad, ni por la pequeña firma de contadores que más tarde se hizo cargo de las auditorías. Sin embargo, resultó que Rita Crundwell tenía una muy buena relación personal con Clifton Gunderson, que incluso jugó en el equipo de softball de la compañía. Su contador personal, quien preparó sus declaraciones de impuestos y administró los ingresos generados por la cría de caballos, estaba también en nómina de Clifton Gunderson, y por la negligencia de los contadores, le cobraron a la ciudad de Dixon un millón de dólares.

En octubre de 2012, se presentó una demanda contra Clifton Gundersen, la pequeña empresa de contabilidad y el banco. La corte le otorgó a Dixon un total de $40 millones en compensación. La subasta de los caballos de Crundwell y la venta de sus bienes raíces y objetos de valor recaudaron otros 12 millones de dólares, que la ciudad también recibió.

En respuesta a este increíble fraude económico, los ciudadanos de Dixon decidieron en una reunión de la ciudad en 2016 establecer un sistema administrativo transparente con órganos de supervisión que funcionaran. La derrocada "Reina de los Caballos" comenzó a guardar silencio después del juicio.

Capítulo 8:
El Predicador

Cuando el operador del centro de llamadas de emergencias responde a la llamada entrante a las 0:43 de la mañana, sólo escucha con un auricular. Está cansado, ya que el turno de noche es siempre largo y agotador. Pero hay algo en la voz de la línea telefónica que lo hace sentarse y tomar nota. La voz suena bien modulada, llena y fuerte, pero con un trasfondo que denota un pánico latente. Se presenta cortésmente como Walter Railey. Cuando el operador le pregunta qué está pasando, su respuesta es: "Oh, acabo de llegar a casa y mi esposa está en el garaje. Alguien le hizo algo".

El operador se congela con esta frase. Ha trabajado allí lo suficiente como para sospechar que algo terrible debe haber ocurrido. Confirma preguntando: "¿Fue golpeada o qué pasó? Sus dedos ya se están moviendo hacia el botón de emergencia, y es la idea correcta porque la respuesta de la persona que llama trae una terrible certeza: "No lo sé. Está echando espuma por la boca, más o menos...".

El operador de llamadas de emergencia reacciona inmediatamente porque alguien está luchando por su vida con todas sus fuerzas.

En 1987, el reverendo Walker Railey ya era una figura nacional como la estrella en ascenso de la Iglesia Protestante en los EE.UU. Predica en la radio, publica libros y es considerado un candidato probable para la elección de obispo de 1988. Eso lo convertiría en el obispo más joven de América. Con sus conmovedores sermones, llena los salones de las iglesias y cada vez más gente descubre su fe y se une a la congregación en el centro de Dallas. El hombre mediano de ojos azul acero, de poco pelo, viene de familia con pocos recursos económicos. Hijo de un hojalatero, crece en condiciones no muy apropiadas. Sus padres son alcohólicos y, por lo tanto, a menudo descuidan a sus hijos, sin embargo, se las arregla para convertirse en un admirable predicador a través de una inmensa energía y tenacidad inherentes. Para estar a la altura de sus expectativas, trabaja en un sermón de hasta 35 horas y tiene un equipo de 65 asistentes a su alrededor. Algunos colegas están empezando a temer que Railey se considere a sí mismo como la voz de Dios. Una y otra vez, se le aconseja que busque ayuda psicológica para hacer frente al creciente nivel de estrés.

Presumiblemente, el feroz temperamento que arde dentro de él es la inevitable otra cara de su desbordante energía. Cuanto más profesionalmente trabaja, más estrés tiene, y más claro se vuelve su lado colérico u oscuro. Incluso los eventos más pequeños pueden causar una reacción violenta en él. Un ejemplo perfecto es cuando la iluminación de la iglesia no es la correcta, y esto desata un cabreo monumental pero, mientras que cualquier persona cabreada se disculparía por sus arrebatos, Walker Railey parece simplemente estar cumpliendo con su rutina diaria. Sí, incluso parece como si después sintiera algún tipo de fría satisfacción. Su esposa de 38 años, Peggy, es muy diferente, la reservada mujer es una persona apegada a la música, canta en el coro de la iglesia y toca el órgano con absoluto virtuosismo. Es el lugar donde ella brilla.

La desigual pareja tiene dos hijos juntos, Ryan de cinco años y Megan de dos.

Dallas es conocida por contratar a los predicadores mejor pagados de toda la nación. La ciudad puede enorgullecerse de contar con

1.200 congregaciones eclesiásticas. Walker Railey gana unos respetables 100.000 dólares al año. Cuando el pastor Railey recibió las primeras cartas de amenaza en marzo de 1987, todo el mundo sospechó inicialmente que era una reacción a sus críticas al racismo, ya que en sus discursos denuncia repetidamente los agravios sociales. No rehúye condenar la pena de muerte, aboga por la igualdad de género, tiene un punto de vista ambivalente con respecto al aborto, e incluso aboga por los derechos de los homosexuales.

El clímax lo marcan las misteriosas palabras durante el sermón del Domingo de Pascua en las que se profetiza la caída del predicador. Este domingo es un día especialmente importante. Entre los oyentes no sólo está Peggy Railey escuchando a su marido, sino Lucy P., una mujer con un significado especial para los Railey, sentada a su lado, ya que, la rubia y guapa psicóloga e hija del gran modelo a seguir de Railey, el Obispo Bob Goodrich, es su amante. Algunos en la congregación sospechan que existe una relación entre los dos pero, ¿qué sabe Peggy? ¿Es completamente inconsciente o sabe que está sentada al lado de su rival? En este momento, tenía otras preocupaciones como para poder dar cabida a dudas y rumores.

Pero todo va bien y las cosas se mantienen en calma. Nadie sospecha que sólo dos días después, en la noche del 22 de abril de 1987, todo cambiará. Poco después de la medianoche, más precisamente a las 0:43 de la mañana, la policía recibe la llamada de emergencia. Un hombre pide ayuda urgentemente porque "alguien le ha hecho algo". Allí está el Reverendo Walker Railey quien encontró a su esposa, Peggy, en el garaje inconsciente. Cuando le preguntan qué le pasa, le explica que tiene espuma en la boca. Obviamente, el predicador, está completamente abrumado por esta situación. Delante de él, en el suelo, se encuentra su esposa, cuyo cuerpo se mueve convulsivamente debido a un grave daño cerebral.

Walker llama también a John y Diane ya que son buenos amigos de la familia y John es un mentor importante. Walker cuida a sus hijos. Los encuentra sanos y salvos en la casa. Afortunadamente, no se dieron cuenta del crimen cometido contra su madre en el garaje. Megan se encuentra frente al televisor, mientras que Ryan duerme profundamente.

Cuando finalmente llegan, los médicos están conmocionados por la condición de Peggy. Su cara está azulada e hinchada y su cuello está roto. Obviamente, alguien la estranguló con extrema brutalidad. Pero lo extraño es que no hay señales de lucha como cabría esperar en un ataque de un extraño. Las gafas de Peggy aún están en su nariz, su pelo está limpio y no despeinado. Ya en este punto aparece una terrible primera sospecha: ¿conocía a su atacante?

Antes de que Walker Railey siga a la ambulancia, que se aleja con sirenas y luces azules, pide a John y Diane, los padrinos de sus hijos, que se ocupen de ellos.

En los días siguientes, los acontecimientos se precipitarán. Mientras Peggy está en el hospital luchando contra la muerte en la unidad de cuidados intensivos, se convierte en el tema de conversación en las congregaciones de la iglesia. Todo el mundo se enfurece contra el potencial autor de las cartas de amenaza. Como resultado, cientos de visitantes llegan al Hospital para rendir homenaje a Peggy, casi como una si de una santa se tratara..

Al mismo tiempo, su condición es devastadora: debido a la asfixia, su cerebro recibió muy poco oxígeno antes de la reanimación, mientras que al mismo tiempo estaba "inundado" de glucosa. Incluso si sobrevive, grandes partes de su cerebro quedarán tan dañadas que sólo quedará un cuerpo que respira.

El día después de que su esposa sea admitida en el hospital, Railey, acompañado por un amigo abogado, va a la policía y cuenta su versión de la noche. Sin embargo, esta será la última vez que hable directamente con la policía.

Según él, llegó a casa el 21 de abril a eso de las 6:30 p.m., donde habla con su esposa en el garaje con una copa de vino.

Estaba a punto de engrasar la puerta del garaje porque es era difícil de mover. Poco tiempo después, se dirigía a la biblioteca en traje de negocios porque quería trabajar en las notas a pie de página de su último libro. A las 6:38 p.m., llamó a casa y dejó un mensaje en el contestador. Afirma la hora, aunque es sabido que nunca lleva reloj. A las 7:26 p.m., llama a la niñera para discutir algo para el fin de semana y cuatro minutos más tarde,

Railey contacta con su amante, Lucy P., y luego conduce hasta ella supuestamente para conseguir cintas de ejercicios de relajación, y allí se queda unos 40 minutos. El predicador regresa a la biblioteca para dedicarse de nuevo a sus estudios.

Después de las 8 de la tarde, se acerca a un empleado de la biblioteca de Bridwell y pregunta a qué hora cierran ese día. A las ocho y media, llama de nuevo a Peggy y, poco después, abandona la biblioteca y se va en su coche. Alrededor de las 8:53 p.m., aparece en una gasolinera en Greenville para repostar y comprar un utensilio para enfriar el vino.

Un corredor que pasaba por allí ve a un hombre de traje que huye de la casa de los Raileys alrededor de las 9:30 p.m. Los vecinos también informan que entre las 10:15 y las 10:30 de la noche, escuchan ruidos extraños que vienen de la calle de detrás de la casa del reverendo y su familia.

Pero, ¿qué pasó en realidad entre poco después de las 21:00 y las 0:43 de la mañana?

Walker Railey afirma que tenía sed y, por lo tanto, tuvo que ir a la gasolinera. Inmediatamente después, fue a la Biblioteca de la Universidad Metodista del Sur para hacer más investigación. Según él, un bibliotecario con el que todavía estaba en contacto podía demostrarlo.

Sin embargo, a lo largo de la semana siguiente, los policías empiezan a dudar de la versión de la noche de Railey, a medida que surgen más y más inconsistencias. Su coartada - una visita a la Biblioteca de la Universidad Metodista del Sur – no tiene fundamento porque hay evidencia de que Railey no está diciendo la verdad en el período de tiempo entre la visita a la gasolinera y su conversación con el bibliotecario en algún momento entre las 11pm y la medianoche.

Curiosamente, a medianoche, entrega su tarjeta a un estudiante nigeriano con un mensaje dirigido al bibliotecario escrito en la parte de atrás - junto con la hora en que supuestamente se escribió la nota - 10:30pm.

Cuando sale de la biblioteca, coge el teléfono, y deja un mensaje en el contestador automático de casa sin que suene primero allí.. Los registros de la compañía telefónica muestran que la llamada se hizo tres minutos después de la medianoche. El mensaje es que su esposa debe cerrar silenciosamente la puerta del garaje. Aparca fuera. Curiosamente, Railey también enfatiza que no está usando un reloj. Por un lado, es bien sabido que él nunca lleva reloj y por el otro, su esposa probablemente conoce mejor este hecho. A las 0:29 de la mañana, se realiza otra llamada en el contestador automático, mencionando de nuevo la hora y que Walker Railey va hacia la casa. Once minutos más tarde, llega a su casa y encuentra la puerta del garaje medio abierta. El garaje está a oscuras, porque extrañamente, las bombillas de luz por encima del abridor automático de la puerta han sido quitadas. Railey entra en el garaje con las luces encendidas y descubre a su esposa en el suelo detrás de su Chrysler.

Los policías rápidamente tienen la incómoda sensación de que alguien está tratando de crear una coartada para salir de la línea de investigación, lo que los hace aún más sospechosos.

El domingo, después del terrible ataque a Peggy que la puso en coma, se celebra por primera vez una misa en la iglesia de los Raileys. El predicador permite que se lea de él un mensaje que dice: "No sé por qué la violencia sin sentido sigue penetrando en la sociedad, ni entiendo por qué se produjeron los acontecimientos de la semana pasada".

Nueve días después, la policía visita a Walker Railey en el hospital, porque las pruebas son cada vez más abrumadoras. Quieren hacerle preguntas importantes. Sin embargo, los oficiales de policía están parados frente a una puerta cerrada con llave. Como él no reacciona a la llamada, tienen acceso a la suite del hospital del predicador por otros medios, ¡y justo a tiempo! Con dificultad, el hombre inconsciente todavía puede ser salvado: parece que intentó suicidarse, como explica la larga nota junto a su cama. Se tomó tres botellas de sedantes y antidepresivos. Como razón, escribe en su carta de despedida que durante años ha habido "un demonio" en él que siempre ha estado allí. "La gente me ha visto tan bien. La verdad es justo lo contrario. Soy el más malo de los malos".

Unos días después, el predicador se despierta del coma. A diferencia de Peggy, que nunca volverá a despertar. A pesar de que sus líneas pueden parecer una confesión indirecta para muchos, la policía de Dallas todavía no tiene suficientes pruebas para procesar a Walker Railey. En cambio, el fiscal le insta a "cambiar su vida". De hecho, devuelve su licencia para predicar, deja a sus hijos a sus padrinos y se muda a California en 1987, donde su amante, Lucy P., ya se había mudado antes que él. Ahora los dos viven juntos. Los padres de Peggy no han dejado de intentar responsabilizar a Railey e incluso han presentado una demanda civil. El veredicto se pronunció en rebeldía porque Railey no apareció. Se le ordena pagar una indemnización de 18 millones de dólares. Más tarde, el castigo se convierte en un apoyo financiero mensual de por vida para Peggy.

Finalmente, en 1992, los investigadores pudieron probar que Railey se escribió las cartas amenazantes a él mismo. Además, los archivos sobre el intento de asesinato están finalmente cerrados. El juicio en San Antonio fracasa debido a las rivalidades entre los dos asistentes del Procurador General. Al final, Walker Railey es absuelto. Cuatro años más tarde, se separa de su amante y conoce a una viuda, Donna B. Consigue el divorcio de Peggy y se casa con ella en 1998. Railey no invita a sus hijos, a su madre o a su hermano a la boda. Permanecerá en silencio sobre los incidentes durante los próximos años. Con el paso del tiempo, el talentoso retórico vuelve a predicar. Continúa fascinando a su audiencia con sus sermones hasta el día de hoy.

Los niños, Ryan y Megan, ahora viven en Houston y sus apellidos fueron cambiados. Han roto el contacto con su padre. Peggy muere en diciembre de 2011 sin decir una palabra en 25 años, dejando muchas preguntas sin respuesta.

¿Qué ocurrió realmente el 21 de abril de 1987 y quién es realmente Walker Railey? ¿Un hombre inocente, de quien se sospecha erróneamente o alguien que se ha llevado a la madre de sus propios hijos? Una voz de la otra vida pide justicia, pero nadie está dispuesto a responder.

Capítulo 9: Apagón

El obrero de la fábrica con el pelo castaño y los ojos azules tiene poco tiempo, su merecido descanso para tomar café es escaso. Apresuradamente, bebe el café caliente para combatir el cansancio. Tiene una altura de 1,98 metros. Supera a todos los de la cafetería. Un hombre se sienta a su lado, mirándolo sigilosamente mientras masca tabaco y lo empuja de una mejilla a la otra. Cuando el trabajador termina, el amistoso desconocido le pide el vaso de papel que le entrega con intención de deshacerse del tabaco. El hombre alto abandona el restaurante, y ya no puede ver que el vaso desaparece cuidadosamente en una bolsa de plástico como prueba, que su vecino cierra cuidadosamente con una sonrisa resplandeciente.

Faryion Edward Wardrip nació el 3 de junio de 1959 en Salem, Indiana, como el cuarto hijo de nueve años. Sus padres son gente corriente. Su padre, George, trabaja en una fábrica, y su madre, Diana, gana algo de dinero como limpiadora. Ella es la organizadora de la familia que marca la pauta cuando es necesario. Son personas sencillas que aman a sus hijos y los apoyan lo mejor que pueden. Aunque a veces puede haber desacuerdos, Faryion tiene una estrecha relación con sus padres y ellos siempre serán su refugio seguro al que volver. Sin embargo, la adolescencia es una época difícil para todos, y el joven está constantemente discutiendo con su padre. También está coqueteando con la marihuana por primera vez. En los años siguientes, las drogas desempeñarán un papel decisivo en su vida. Esto comienza en la escuela secundaria, lo que hace que Faryion tenga que dejarl los estudios antes de poder graduarse. Como resultado, se unió a la Guardia Nacional en 1979 a la edad de 19 años, y fue aceptado. Todo el mundo espera que la fuerte estructura militar ejerza una buena influencia sobre él, pero no puede adaptarse. Al final, Faryion es dado de baja deshonrosamente por fumar marihuana y por permanecer repetidamente fuera de servicio sin permiso.

¿Esto se lo esperaban ya sus padres? ¿que el joven vuelva a su puerta y busque refugio con ellos? Puede, pero a pesar de todo, no lo rechazan; después de todo, es su hijo. Cuando la familia se muda de Indiana a Wichita Falls en Texas, Faryion va con ellos. Tal vez él también espere un nuevo comienzo. Y así, a largo plazo, algo cambiará a partir de este momento. Es aquí donde conoce a la mujer que más impactará en su vida, tanto en los buenos como en los malos momentos. Faryion Wardrip tiene 24 años cuando conoce a Johnna D. Jackson, de 20 años. En marzo de 1983, los dos se casan, esperando una relación feliz para el resto de sus vidas. En poco tiempo, tienen dos niños, pero los problemas de drogas de Faryion alcanzan rápidamente a la joven familia. Apenas puede pasar el día sin drogas y alcohol, y esto tiene un fuerte efecto en su comportamiento. Cuando el joven padre consume intoxicantes, se vuelve extremadamente agresivo e incluso violento.

La decidida Johnna, sin embargo, no se impresiona. Sigue presionando cada vez más a su marido. Ella le exige que finalmente encuentre un trabajo permanente para que la familia pueda seguir adelante, ya que los trabajos temporales deben de terminar. Hasta ahora, los padres de Johnna han necesitado repetidamente apoyarla económicamente. Aparentemente, Faryion Wardrip se siente intimidado por su mujer, ya que acepta un trabajo de conserje en el Hospital Bethania en Wichita Falls. Rápidamente es ascendido a portero del hospital. Sin embargo, las feroces disputas entre él y ella no cesan y a menudo terminan con innumerables acusaciones e insultos.

Más tarde, Faryion Wardrip confesará lo increíblemente estresante que le pareció la relación con su esposa. En 1984, continúa enredado completamente en sus excesos de drogas, lo que hace de su vida una continua pesadilla. Quizás fue esta combinación fatal la que finalmente exigió un tipo de liberación, como una olla a presión que termina explotando en una luminosa bola de fuego.

En la noche del 20 de diciembre de 1984, Faryion Wardrip tuvo una vez más una feroz pelea con Johnna. Enfurecido, salió de la casa y caminó para despejar su mente. Esa misma noche, Terry Lee Simms, de 20 años, sale del hospital alrededor de las 11 de la noche. Es pequeña, de 1,60 metros y tiene un puesto de asistente técnico a tiempo parcial, además de ser estudiante en la cercana Midwestern State University. Esa noche, después de un turno en el hospital, ella y su colega y compañera de aprendizaje, Leza B., se dirigen a reunirse con familiares a última hora de la tarde para intercambiar regalos de Navidad. Después, ambas deciden ir a estudiar juntas al apartamento de Leza, pero ésta recibe una llamada del hospital alrededor de las nueve y media, pidiéndole que acuda. Le da a Terry la llave de su apartamento y la deja en su casa.

Leza regresa a las 7:30am. Ella toca al timbre y toca, pero Terry no abre. ¿Estará durmiendo? Leza le pide una copia de llave a su casero, y cuando entra, se congela como un témpano de huelo al ver su sala de estar. El caos. La joven llama a su casero para pedirle ayuda antes de que seguir mirando a su alrededor por miedo de lo que descubriría. Cuando el casero acude, suben al baño y quedan en shock: en medio de un enorme charco de sangre yace el cadáver de Terry, ¡violado y brutalmente apuñalado! Sus pequeñas manos están atadas tras la espalda con un cable, tuvo que soportar todo esto mientras estaba completamente indefensa.

Más asesinatos de jóvenes mujeres siguen sacudiendo Wichita Falls y la región.

El 19 de enero de 1985, Toni Jean Gibbs, que también trabajaba como enfermera en el hospital, desapareció. Su auto abandonado fue descubierto dos días después, pero no fue hasta el 15 de febrero, un día antes de su cumpleaños número 24, que los trabajadores de la construcción encontraron su cuerpo en un campo a una milla al sur de los límites de la ciudad. De nuevo, el cuerpo se encuentra desnudo, ya que Toni Gibbs también fue violada y apuñalada. Hay ocho marcas de puñaladas, lo que hace que parezca que el asesino actuó con cruel rabia. Pero lo peor es que cerca encuentran un viejo autobús escolar desguazado en el que se encuentra la ropa de Toni. Los análisis prueban que sobrevivió al ataque antes de salir al campo a morir.

Un hombre de 24 años, Danny Loughlin, está injustamente acusado del asesinato. No pasa la prueba del detector de mentiras, pero sobre la base de una comparación negativa de ADN, queda absuelto.

Cuatro días después de encontrar el cuerpo de Toni, Faryion Wardrip deja su trabajo en el hospital. Se traslada a Fort Worth, a dos horas en coche, donde decide encontrar algo nuevo en lo que trabajar

Debra Sue Tayler, de 25 años, también vive allí. Su esposo la ve viva por última vez en la madrugada del 24 de marzo de 1985. Se va de un club nocturno antes que ella porque está cansado y quiere irse a casa a dormir. Cuando Debra no regresa más tarde, se preocupa y lo denuncia a la policía. El 29 de marzo, reaparece en circunstancias terribles. Dos albañiles encuentran su cuerpo en una obra en construcción. Fue estrangulada. En primer lugar, el marido es el principal sospechoso de los investigadores después de que sus parientes no hablasen muy bien sobre él. Pasa tres pruebas de detector de mentiras sin problema, pero los fiscales siguen convencidos de su culpabilidad. Esto cambiará años después. Faryion Wardrip regresa a Wichita Falls con la esperanza de encontrar un trabajo en su ciudad natal, ya que su nuevo trabajo en Fort Worth fracasó.

El 20 de septiembre de 1985, la estudiante Ellen Blau desaparece en Wichita Falls de camino a su coche después de su turno de camarera. Una vez más, el coche que contenía la cartera de Ellen fue descubierto abandonado en otra parte de la ciudad. Su cadáver fue encontrado por trabajadores de la calle el 10 de octubre de 1985, en un campo del condado de Wichita. Trágicamente, el cuerpo ya está tan descompuesto que Ellen sólo puede ser identificada por los registros dentales. Tampoco se puede encontrar el ADN del asesino. Por lo tanto, la causa de la muerte no puede determinarse en aquel momento.

Mucho más tarde, se determinará que fue estrangulada y posiblemente también violada.

Faryion Wardrip ahora trabaja en un club nocturno y su matrimonio ha terminado definitivamente. En diciembre de 1985, Johnna solicita el divorcio y comienza un año de separación. Tanto si Faryion se siente aliviado como si no, no intenta salvar el matrimonio.

Todavía está muy enganchado a las drogas y al alcohol cuando se hace amigo de una camarera, Tina Elizabeth Kimbrew, en la primavera de 1986. Con sólo 21 años, fue asesinada por Faryion Wardrip el 6 de mayo de 1986. En su locura por las drogas, de repente la ve como su odiada esposa, Johnna, y se vuelve completamente loco. Asfixia a la joven con una almohada. Lo que quizás no sabe, es que Wardrip es observado por los vecinos cuando sale del complejo. ¿Lo sabe o es el sentimiento de culpa lo que determina sus próximos pasos?

Wardrip entra en pánico y huye a Galveston, Texas. El 9 de mayo, llama a la policía en Wichita Falls y amenaza con suicidarse. La policía local lo visita y Wardrip confiesa el asesinato de Tina Kimbrew.

En octubre de 1986, mientras Wardrip está en prisión, el divorcio de Johnna finalmente se vuelve legal y para su alivio, este capítulo de su vida está cerrado. En la corte se declara culpable y le dan 35 años por asesinato.

Pero el tiempo en prisión trae un cambio para el hombre: No sólo se las arregla para dejar el alcohol y las drogas y limpiarse, sino que también descubre la fe. Al final, se convierte en una persona profundamente religiosa que es puesta en libertad condicional el 11 de diciembre de 1997 con la condición de que lleve una tobillera electrónica. Wardrip se muda de nuevo con sus padres en Wichita Falls y cambia su vida. No sólo encuentra un nuevo trabajo, sino que también se involucra activamente en la comunidad de la iglesia local, cantando en el coro y enseñando en la escuela dominical. También conoce al nuevo amor de su vida, Glinda. El 15 de octubre de 1998 los dos se casan y se mudan a un apartamento en el mismo complejo que sus padres.

Por otra parte, la policía local se encuentra bajo una fuerte presión en su búsqueda de los asesinos de Terri Simms, Toni Gibbs, Debra Taylor y Ellen Blau.

En este caso, la importancia de una buena comunicación y de la creación de redes intensivas de servicios a través de las fronteras urbanas y regionales se hace evidente. Es muy probable que los casos de asesinato se hubieran podido resolver mucho más rápidamente con un mejor intercambio de información entre departamentos; sin embargo, no es hasta 1999 cuando se obtienen resultados útiles.

En 1999, el detective John L. reabrió la investigación e inició un amplio análisis del material de ADN y la toma de muestras de otros individuos potencialmente sospechosos. Sin embargo, los resultados todavía no proporcionan un rastro fiable. Sólo cuando el nombre de Wardrip aparece de repente durante la investigación, el caso comienza a moverse. Sin embargo, no hay muestras de su ADN. El detective John L. hace todo lo que está en su poder para obtenerlo. Sigue a Wardrip durante días, en vano. En el sexto día, por fin tiene suerte en la cafetería, se las arregla para conseguir el vaso de cartón del sospechoso como escupidera para su tabaco de mascar. Inmediatamente, el detective corre hacia la oficina y entrega la muestra al laboratorio.

Poco después, Wardrip es llamado a la comisaría, donde el hombre se enfrenta a los asesinatos de Terri Simms, Toni Gibbs y Ellen Blau. Al principio, se niega a cooperar, pero las pruebas posteriores confirman el resultado. Finalmente, confiesa. Cuando se le pregunta por un motivo, se hace evidente la facilidad con la que las drogas pueden convertir a una persona en un monstruo. Faryion Wardrip informa que siempre estaba en un frenesí de drogas cuando mató y que justo antes de la acción, la cara de Johnna apareció repentinamente ante sus ojos, insultándolo y humillándolo. Luego se desmayaba por completo. Nunca pudo recordar cómo mató o si violó a las víctimas. Según su relato, así ocurrió con todas las víctimas. Durante esta conversación también confiesa el asesinato de Debra Taylor, que aún no había sido relacionado con él.

El 9 de noviembre de 1999, Wardrip es condenado por los cuatro asesinatos. Recibe tres cadenas perpetuas. Es condenado a muerte por inyección letal en el caso de Terri Sims. En 2010, el veredicto es revisado en base a que la defensa de Wardrip no fue lo suficientemente eficaz. En última instancia, la pena de muerte se conmuta por cadena perpetua sin perspectivas de libertad anticipada ni de libertad condicional. La primera vez que puede presentar una petición de clemencia será tras un período de 60 años cumplidos en prisión.

Capítulo 10:
La casa

Algunas casas parecen atraer la desgracia. Hay accidentes, separaciones, lágrimas, muertes e incluso asesinatos. Mientras detrás de la puerta de entrada, el mundo está bien. ¿Son realmente siempre puras coincidencias o hay una energía negativa oculta que atrae el mal como un agujero negro que devora todo a su alrededor? Las personas que creen en lo sobrenatural las llaman casas embrujadas, mientras que otros los ven como una excelente oportunidad para un lucrativo negocio inmobiliario.

En el sur de los Estados Unidos, en el estado de Mississippi, hay una casa con estas características; más concretamente, se encuentra en el distrito de Yazoo, en el pequeño pueblo de Vaughan y es aquí donde la familia Hargon juega un papel importante.

Una casa de ladrillo de un piso albergaba originalmente una tienda perteneciente al clan Hargon. Haywood Hargon era dueño de Fowler Road Grocery hasta un fatídico viernes de 1994. De repente, un hombre con un arma se paró frente a él en la tienda de comestibles y le exigió el dinero de la caja. Un total de $114 fue la razón por la que murió Haywood Hargon. El ladrón huyó cuando otro cliente entró en la tienda.

Después de la trágica muerte de Haywood, su hijo Michael heredó el edificio de ladrillos de Fowler Road en Vaughan y lo convirtió en un edificio residencial. Incluía un pequeño hogar para su familia: su esposa Rebecca, dos años mayor, y su hijo pequeño, James Patrick. Tal vez mantuvo la casa por respeto a la memoria de su padre o para evitar que cayera en las manos equivocadas. Su tío, Charles Hargon, estaba preocupado de que su hijo adoptivo, Ernest Lee Hargon, pudiera ponerle las manos encima. De hecho, Charles tenía miedo de lo que le pasaría a la casa si Ernest la poseía porque, como señaló un pariente, ninguna sangre de Hargon corría por las venas de Ernest Lee, y no se fiaba de él.

La adopción ocurrió porque Charles Hargon se casó con la madre de Ernest y lo crió como su propio hijo, pero la relación entre los dos estaba marcada por altibajos de pareja, y no se podía decirque las cosas fueran bien entre ellos. Tal vez Ernest Lee no era lo suficientemente bueno para él, porque "sólo" trabajaba como camionero para un transporte de ganado. Era un trabajo que consumía mucha energía y tenía muchas horas de trabajo. Por esta razón, Ernest Lee comienza a tomar metanfetamina a los 40 años para evitar quedarse dormido mientras conduce. Las peleas entre padre e hijo adoptivo se intensifican tanto que en 2001, Ernest Lee interrumpe todo contacto con su padrastro durante los próximos tres años y no lo vuelve a llamar hasta que Charles se lo pide a principios de 2004.

Tal vez Ernest Lee también se sintió profundamente impresionado por el hecho de que Charles se acercara cada vez más a su primo Michael durante este receso de tres años. Su relación es tan estrecha, de hecho, que al final incluso reemplaza a Ernest Lee como su hijo. Los dos Hargons "reales" están tan cerca al final, que el hijo adoptado es finalmente desheredado. Ahora, si Charles muere, se supone que Michael obtendrá la granja de ganado de 20 hectáreas en el condado de Madison, algo difícil de tragar para Ernest Lee.

Uno podría pensar en las clásicas disputas familiares habituales en una pequeña ciudad, pero lo que sigue a continuación dejará estupefacto como nunca a Vaughan.

En este pequeño pueblo, todos se conocen entre todos. Es por eso que el sábado 14 de febrero de 2004, los vecinos notan algo extraño en la casa de Michael Hargon. La puerta de su casa está abierta y también la puerta de su coche, pero no se ve a nadie. En algún momento, alguien se preocupa y entra en el jardín, gritando a Michael y Rebecca, pero todo parece en calma. Ahí es cuando el vecino preocupado finalmente entra en la casa. La visión que aparece ante él parece fantasmal: es como si alguien simplemente hubiera "transportado" a los residentes fuera del edificio en medio de su vida diaria. Los platos de la cena siguen en el fregadero, las cosas están en la mesa, las revistas están por todas partes, pero no hay ningún ser humano en ninguna parte. De repente, sin embargo, los visitantes encuentran manchas de sangre y agujeros de bala en las paredes, y se dan cuenta de que algo terrible debe haber sucedido. ¡Algo no está bien aquí!

Durante los próximos 17 días, la policía local y los miembros del clan Hargon buscan intensamente a la pequeña familia Hargon. En ninguna parte hay rastros del Michael de 27 años, de su esposa de 29 años y de su hijo de 4 años, James Patrick. Los únicos sospechosos son los miembros de la banda callejera que estuvieron detrás del asesinato de Haywood Hargon. El autor pertenecía entonces al grupo de los Discípulos de Gansta Negra y pocos días antes de la desaparición de la pequeña familia, se volvió a examinar la posibilidad de una amnistía. Michael había rechazado enfáticamente esta solicitud, sin embargo, no hay indicios de que se tratara de algún tipo de venganza por parte de la banda callejera. Los investigadores sólo estaban interesados en la pandilla porque dos o tres personas fueron supuestamente vistas frente a la casa en la mañana del Día de San Valentín discutiendo con Michael.

El 29 de febrero del bisiesto año 2004, la policía del Condado de Smith inesperadamente arrestó a un hombre. Es Ernest Lee Hargon quien es encarcelado por posesión de armas y violaciones a la Ley de Narcóticos. Al día siguiente, se produce un movimiento repentino en el caso de la desaparición de la familia Hargon: Ernest Lee es el objetivo de la fiscalía y es acusado de asesinato. De hecho, el día después de la acusación, la policía del condado de Smith, a unos 100 km de Vaughan, hace un descubrimiento horrible. Mientras la lluvia cae, buscan febrilmente algo con focos en la propiedad del vecino de Ernest Lee. Finalmente encuentran lo que están buscando: los cuerpos de Michael, Rebecca y su pequeño hijo yaciendo en una tumba plana, excavada con rapidez, sobre la cual se colocó una lámina de metal. Todos fueron terriblemente maltratados, ¡incluido el niño pequeño! Lo que nadie en Vaughan sospecha en ese momento es que Ernest Lee Hargon confesó inmediatamente después de su arresto que él disparó a su primo y también mató a su familia, proporcionando a los investigadores la información sobre dónde encontrar los cuerpos.

Los medios de comunicación locales y ahora transregionales están cabreados. Todo el mundo quiere saber qué nuevos acontecimientos han tenido lugar y qué ha ocurrido exactamente, pero la policía sigue guardando silencio en sus comunicaciones. Quieren esperar a las autopsias antes de anunciar algo más preciso, y con razón, porque los detalles en este caso son difíciles de tragar, incluso para los experimentados investigadores. El jurado de nueve mujeres y tres hombres, que escuchan toda la verdad sobre la desaparición de la pequeña familia Hargon durante las audiencias judiciales, se encuentra conmocionados.

Antes del amanecer del día de San Valentín de 2004, Ernest Lee conduce su Corvette de 1974 hasta la casa de Fowler Street. Está muy molesto y decepcionado y lleno de ciego odio. No hay otra manera de explicar lo que sigue a continuación. Entra en la propiedad y en la casa. Una feroz pelea estalla entre Michael y Ernest. El asistente del fiscal testifica ante el jurado que "Michael sufrió lesiones en todo su cuerpo, desde la cabeza hasta los pies". El hombre de 27 años de edad es capaz de huir hacia su camión, como lo demuestran sus dientes golpeados al lado de la puerta abierta del coche. Tal vez esperaba sacar el arma de su auto. Pero antes de eso, lo matan con un disparo en la cabeza. Pero la venganza de Ernest Lee no termina aquí, ya que no puede rendirse hasta que el último miembro de esta familia esté fuera del camino. Inicialmente, le dispara a la esposa de Michael en el brazo, la golpea en la cabeza y la estrangula hasta dejarla inconsciente. El niño de cuatro años James Patrick también es estrangulado hasta que se desmaya. No está claro si los dos ya habían sufrido una fractura de cráneo en este momento o más tarde. Luego, el hombre comienza a eliminar cualquier rastro de ellos. Primero, mete el cuerpo de Michael en su coche, luego coloca a la esposa inconsciente y al niño en el maletero. Conduce con ellos hasta su residencia, a 100 km de distancia, para hacerlos desaparecer finalmente. La madre y el niño siguen vivos cuando llegan a su destino en el condado de Smith, pero no por mucho tiempo. Mientras Ernest estrangula a Rebecca, ella sostiene a su hija en sus brazos. Inmediatamente después, Ernest estrangula al pequeño James Patrick con una honda de cuero, pero el niño ni siquiera grita, como Ernest Lee señala en su confesión, casi sorprendido. Durante el informe del fiscal sobre la muerte del niño, Ernest Lee Hargon comienza a llorar.

Después de matar a todos los miembros de la odiada familia, volvió a meter sus cuerpos en su coche y condujo hasta el lugar del que más tarde habló a la policía. Allí entierra los cuerpos y regresa a casa.

Concertó una cita con su esposa, la veterinaria Lisa A., para una cena de San Valentín en un restaurante mexicano. Al principio, Hargon actúa como si nada hubiera pasado, pero finalmente no puede evitar confesar los asesinatos.

A lo largo de todo el juicio no hace ninguna declaración, simplemente guarda silencio. Además, su equipo de defensa no llama a ningún testigo: incluso los testigos están desaparecidos. La evidencia muestra que el detonante del terrible acto fue probablemente el cambio de Charles Hargon en su testamento. En el transcurso del juicio se presentan dos testamentos, uno de 1995 y otro de enero de 2004. En la versión anterior, Ernest Lee sigue figurando como heredero, pero en el último testamento modificado, su nombre ha desaparecido por completo del documento. En cambio, Michael figura como único heredero. Charles Hargon murió a la edad de 78 años el 16 de enero de 2004, unas semanas antes de los asesinatos. Para los investigadores una cosa era cierta, el cambio de la última voluntad y testamento es la razón por la que murieron tres personas.

En diciembre de 2005, el jurado no necesita mucho tiempo para llegar a un veredicto de culpabilidad. Esto significa la pena de muerte para Ernest Lee Hargon, quien aparece completamente sin emoción durante la sentencia.

Mientras que otros a veces esperan décadas para su ejecución, el destino final del asesino de los tres Hargons llega antes que su pena de muerte. El 28 de agosto de 2007, un pandillero encarcelado se escapa de su celda en el ala de alta seguridad de la Penitenciaría Estatal de Mississippi en Parchman. Ernest Lee está en el servicio de limpieza cuando es asesinado con crueldad por 30 puñaladas de un cuchillo casero a las 8:53am. Muere en la enfermería de la prisión.

La casa de Michael y Rebecca Hargon todavía existe hoy en día, pero nadie quiere vivir en ella porque demasiada gente ha muerto allí. Se supone que una cerca de alambre de púas mantiene a los intrusos alejados del tranquilo lugar, que inspira la sensación de ser una lápida gigante.

Capítulo 11:
Infanticidio

Nunca olvidarán la visión que presenciaron los detectives de la casa, en toda su vida. Incluso los investigadores más antiguos y experimentados, que han visto muchas y terribles cosas en sus años de servicio, son incapaces de contener las lágrimas. ¡Hay sangre por todas partes! Algunos tienen que luchar contra por contener las nauseas. La brutalidad del ataque es simplemente impactante, ¿quién en el mundo es capaz de algo tan horrible?

Cada una de las tres víctimas yace en el suelo, retorcidas de forma poco natural, con el cuerpo lleno de innumerables heridas punzantes causadas por cuchillos de cocina. El ataque a la niña más pequeña, la pequeña Melissa, se llevó a cabo con tal fuerza que uno de los cuchillos se le rompió en el cuello.

Su cráneo fue aplastado con una silla de cocina. La madre, Joan Heaton, yace en el pasillo y parece como si hubiera sufrido una laceración, pero eso no pareció ser suficiente para el asesino, que aparentemente estaba fuera de control. Sólo después de haberla golpeado brutalmente y estrangulado, pudo dejar en paz a la madre de las niñas.

Mientras la visión de lo ocurrido oprime sus gargantas, los investigadores se preguntan quién es capaz de hacer tal cosa. ¿Es apropiado llamar a este despiadado asesino "ser humano"?

La ciudad de Warwick en Rhode Island es un lugar donde se puede comer marisco fresco y pasar maravillosos días en la playa. Pero a finales de los años 80, la idílica ciudad será famosa por este monstruo humano.

La noche del 21 de septiembre de 1987, Rebecca Spencer, de 27 años de edad, ya no verá otro amanecer cuando se produzca el robo en su casa.

La escena del crimen en el distrito de Buttonwoods al día siguiente es terrible, ya que la joven está cubierta de decenas de heridas. El médico forense encuentra un total de 58 puntos de punción, un número que le sorprende y le aturde al mismo tiempo. Como un loco, el ladrón apuñaló a la mujer en el salón una y otra vez con un cutter. Ese cuchillo estaba accidentalmente en la casa ese día porque Rebecca se estaba mudando y tenía que empaquetar sus cosas.

Aunque la policía busca enérgicamente al asesino, la investigación no tiene éxito. Nadie ha visto nada raro. El expediente permanece abierto, pero se vuelve silencioso en torno al caso. Eventualmente, el negocio diario continúa, bueno, hasta que todos despierten de nuevo de su engañosa serenidad…

Es el 4 de septiembre de 1989, dos años después de la muerte de Rebecca, es cuando Marie B. decide buscar a su hija, Joan Heaton, soltera de 39 años. No ha sabido nada de ella desde hace unos días y está un poco preocupada. Marie también está deseando volver a ver a sus nietas, Jennifer, de 10 años, y Melissa, de 8 años. Junto con su otra hija, Marie se dirige a la casa de los Heaton.

Al llegar a Buttonwoods, ven el coche de Joan aparcado en la entrada, así que debe estar en casa. Las dos mujeres tocan el timbre varias veces, pero nadie les abre la puerta. Están irritados. Juana y sus hijas suelen llegar a la puerta de inmediato, por lo que María y María Luisa deciden entrar en la casa.

Tan pronto como entran en el pasillo, inmediatamente se dan cuenta: dondequiera que miren, desde los muebles hasta las paredes, hay salpicaduras de sangre. Un hedor podrido los supera, como animales muertos que han estado tirados por ahí durante unos días. ¿Qué ha pasado aquí? A medida que avanzan, las mujeres hacen un descubrimiento que no podría ser más horrible: Primero, encuentran a Joan. Su cuerpo yace en el pasillo, cubierto de sábanas manchadas de sangre. Jennifer yace cerca, también brutalmente asesinada. A la más joven, Melissa, la encuentran en la cocina.

Tan pronto como pueden pensar con algo de claridad, llaman al 911. Unos momentos después, llegan los investigadores. La casa Heaton, una vez llena de risas, se ha convertido en una escena del crimen y todo el mundo está de acuerdo en que este era el patio de recreo de un monstruo humano.

Durante el curso de las siguientes investigaciones, una cosa se aclara rápidamente: Warwick tiene un verdadero asesino en serie. La semejanza entre el caso de 1987 y el asesinato de las mujeres de Heaton se destaca inmediatamente para el detective; sin embargo, la policía no puede entenderlo y está perdida. ¿En qué dirección deberían investigar? Para no perder un tiempo valioso y por la preocupación de los ciudadanos de Warwick, la policía solicita la ayuda del FBI. Envían a uno de sus mejores perfiles, Gregg M., e inmediatamente se pone a trabajar con las pruebas disponibles y deduce rápidamente que ambos crímenes fueron cometidos por el mismo asesino. Tanto en el caso de Heaton como en el de Spencer, el asesino utilizó un arma que estaba presente en la casa. Este hecho sugiere que debe haber invadido por alguna otra razón: ¿quizás un robo? ¿Se sorprendió y luego tomó la primera arma disponible? Esa es la suposición del detective. Además, el "exceso" en ambos casos - unas 60 puñaladas en los cuerpos de las madres y 30 en los niños - indica que fue la misma persona la que cometió ambos crímenes.

Sobre esta base, el detective también está seguro de que el ladrón debe venir del vecindario de las víctimas. Los ladrones tienden a entrar en las casas donde saben que pueden conseguir algo valioso. Y, por regla general, los vecinos se conocen entre sí y conocen mejor sus condiciones de vida. En este sentido, es muy probable que el ladrón también provenga del distrito de Buttonwoods. Pero es la última suposición del especialista del FBI la que eventualmente llevará a los detectives a seguir el rastro del despiadado asesino. Gregg M. asume que el asesino muy probablemente se ha herido a sí mismo en sus descontrolados ataques.

Los policías respiran profundamente. Gracias a estas pistas, el campo de investigación se reduce bastante. Ahora todo lo que necesitan es un poco de suerte.

El 5 de septiembre, el destino tiende una mano amiga a la policía de Warwick. Un día después del descubrimiento de los cuerpos de los Heaton, dos patrulleros, Ray P. y Mark B., pasan por un parque cerca de Buttonwoods y pasan al lado de un adolescente que ya conocen por unos robos,

Craig Chandler Price, de 15 años. Paran el coche para hablar con él.

Craig nació el 11 de octubre de 1973 y es un adolescente alto, vivaz y con una sonrisa ganadora. Ray P. lo conoce porque lo entrenó en un curso de baloncesto. Por eso sabe que el colorido muchacho vive en una pequeña casa de rancho en Buttonwoods. Cuando el policía se le acerca por los asesinatos, resulta que Craig Price vive a pocas casas de los Heaton. Ray P. y su colega contienen la respiración al ver que el joven de color tiene una mano vendada. Sólo con gran dificultad los hombres logran no revelar sus sospechas directamente. ¿Puede ser realmente él? Price afirma que se lesionó cuando rompió la ventana de un coche anoche, argumento que la patrulla hace como que cree.

En los siguientes días, los policías revisan la historia de Craig y descubren cosas interesantes. Por ejemplo, nadie informó de la rotura de una ventana del coche y no hay fragmentos de vidrio en el lugar mencionado. Sin embargo, muchos en el departamento creen que los dos están perdiendo el tiempo; después de todo, Price es sólo un adolescente. Sin embargo, es un adolescente con antecedentes penales y una inclinación a la violencia, por lo que se convierte en un potencial sospechoso para los dos detectives.

Cuando es citado al departamento de policía, primero es interrogado intensamente sobre la lesión de su mano. Como Craig insiste en su versión, se le somete a una prueba con el detector de mentiras que confirma que está mintiendo. Sin embargo, todavía no se puede probar nada.

La investigación se vuelve más seria cuando descubren que Craig suele andar con una pandilla de ladrones adolescentes donde se jactaba de un acto muy especial: el asesinato de Rebecca Spencer.

En la madrugada del 17 de septiembre, la policía registra la casa de la familia Price con una orden judicial. John Price, el padre de Craig, está completamente sorprendido cuando ve a los policías en su puerta. Lo mismo sucede con la madre y el hermano de Craig, quienes deben permanecer en la sala durante el registro. Sólo Craig está completamente relajado, incluso cayendo en un profundo sueño en el sofá. Sin embargo, los policías no tardan mucho en descubrir algo importante. En una bolsa de basura encuentran seis cuchillos de cocina ensangrentados, como los de la casa de los Heaton. Además, hay ropa y guantes ensangrentados, entre otras cosas.

Craig y sus padres son llevados inmediatamente a la comisaría para interrogarlo de nuevo sobre los asesinatos. Lo que sucede a continuación sorprende profundamente a todos. El adolescente de repente admite de buena gana haber asesinado a los Heaton. Completamente calmado y relajado, describe con detalle lo que sucedió exactamente durante la noche. ¿Mentir y negar se ha vuelto demasiado tedioso para él? De manera indiferente, el estudiante de 15 años de la escuela secundaria informa sobre la noche. Intoxicado hasta los topes con marihuana y LSD, entró en la casa para robar algo que podría vender por dinero. Al tratar de entrar por la ventana abierta de la cocina, se cayó sobre una mesa de la cocina. El ruido ensordecedor asustó a los Heaton. Él comenta como golpeó violentamente a la madre mientras la apuñalaba. Y finalmente, como un macabro chiste, imita los últimos sonidos de las niñas moribundas.

El padre de Craig, John, se pone malo cuando escucha la historia de su hijo. Finalmente tiene que correr al baño de hombres y vomitar, sin poder volver. Su madre, de pie junto a su hijo todo el tiempo, y dolorosamente desde lo más profundo de su pecho piensa: ¿Qué ha sido de su hijo pequeño? ¿Qué fue lo que falló en su infancia que hizo que un adolescente tuviera tanta sangre fría y fuera capaz de cometer actos tan atroces?

Cuando se le pregunta a Craig Price sobre Rebecca Spencer, él también admite este asesinato sin dudarlo. En ese momento, sólo tenía 13 años y todavía era un niño. El adolescente obviamente todavía recuerda cada detalle del crimen. No parece que experimente arrepentimiento ni nada parecido.

Al final, el silencio llena la comisaría. ¿Qué palabras serían apropiadas en vista de estos hechos? El detective Tim C., que llevó a cabo el interrogatorio, se fue a casa esa noche a llorar. Fue el primero en llegar a la escena del crimen. Ayudando al detective Kevin C., no siente nada más que ira porque ya sabe lo que viene y tendría razón. Durante los próximos años, hace todo lo que está en su poder para cambiar la ley, pero por ahora no tiene más remedio que aceptarla. Craig Price puede que ya sepa que la ley de Rhode Island está de su lado. Tal vez esa sea una de las razones de su confesión relajada y franca. Es detenido un mes antes de cumplir 16 años, por lo que se le considera menor de edad. Su confesión "oportuna" significa que, a pesar de los asesinatos extremadamente brutales, no tiene que responder ante un tribunal ni cumplir una sentencia de prisión. Después de sólo cinco años en una institución educativa, volverá a ser libre y sus antecedentes penales serán borrados. A los 21 años de edad, será un hombre libre con un historial limpio.

Parece una terrible profecía y una advertencia, ya que Craig Price proclama triunfalmente al final de su audiencia que, "¡Él escribirá la historia cuando tenga 21 años y vuelva a ser libre!". Y casi sonando divertido, piensa que fumará una "bomba" (es decir, un alucinógeno fuerte como el LSD o la mescalina) cuando salga después de los cinco años. ¡La historia de Craig Price demuestra que uno es capaz de hacer cosas bestiales bajo la influencia de las drogas!

En la audiencia se decidió que Price permanecerá en custodia en el Centro Correccional Juvenil (YCC) de la Escuela de Entrenamiento de Rhode Island hasta que cumpla 21 años. Es aquí donde se gradúa de la escuela secundaria y comienza a asistir a cursos universitarios. Craig Price aspira a obtener honores académicos, pero en repetidas ocasiones entra en conflicto con la ley: obstruye el análisis y la terapia psicológica ordenada, miente repetidamente al psiquiatra y amenaza a un funcionario de la institución educativa chantajeándolo. El mismo Craig Price truncó sus posibilidades de volver a vivir en libertad. Un tribunal decide finalmente encarcelarlo durante 15 años debido a los incidentes. Esto significa que el "Warwick Slasher" permanecerá en custodia incluso después de cumplir 21 años. Durante el juicio, el joven tiene un berrinche y se enfurece, afirmando que todo el mundo miente para causarle problemas. ¡Los jueces son sólo los jefes de una conspiración dirigida contra él!

Varias veces está involucrado en peleas en las cárceles y ataques a los guardias. Por último, pero no menos importante, en 2009 Craig Price recibe otros 25 años de prisión por haber herido casi fatalmente a un compañero de prisión con un cuchillo hecho en casa. Todo el mundo respira aliviado porque esto pospone su liberación hasta 2020.

Los esfuerzos del detective Chris P., mientras tanto, han llevado a cambios en la ley de Rhode Island. Nunca más será tan fácil para los jóvenes eludir su responsabilidad por delitos graves. La sentencia de Craig finalmente se cumplirá en diciembre de 2020, cuando el asesino en serie más joven de los

Estados Unidos será liberado de nuevo a la edad de 46 años.

Los psicólogos están seguros de que no puede ser rehabilitado. El FBI y la policía de Warwick creen que es sólo cuestión de tiempo antes de que el Warwick Slasher empiece a matar de nuevo.

Price se ve a sí mismo como una víctima del racismo continuo. Este racismo y su enorme frustración al respecto fueron la razón de la "exageración". Nunca se cansa de insistir en que ya ha sido castigado lo suficiente.

Capítulo 12:
El Partido

Tyler Hadley de Port St. Lucie es un niño muy agradable, sin complicaciones e incluso tímido. Nace como el segundo hijo de Blake y Mary-Jo Hadley, seis años después de su hermano mayor. Es muy cercano a sus padres, y se ríe y bromea con ellos a menudo. A la edad de 10 años, se pelea con su madre. Tyler está tan enojado con sus padres que le dice a un vecino, Mark A., que los va a matar, pero el vecino no cree que sea serio. Hay otro niño, Mike M., que apoyará a Tyler como su amigo fiel durante los próximos años. Los dos comparten una amistad inquebrantable.

La vida en la pequeña ciudad de Port St. Lucie no es espectacular, especialmente para los adolescentes que prefieren dejar atrás todas las fronteras y convenciones. La estrechez de una ciudad así puede ser deprimente. Blake y Mary-Jo, dos personas particularmente agradables y amigables, viven en su hermosa casa que Blake financia a través de su trabajo en la central eléctrica local. Se esfuerzan por ser padres buenos y cariñosos que preparan el camino para sus hijos y los acompañan y apoyan lo mejor que pueden.

A la edad de 15 años, la naturaleza de Tyler cambia repentinamente, y todo el mundo le echa la culpa a la pubertad, que está en pleno apogeo. El adolescente ya no quiere ir a la escuela, anda con la gente equivocada y empieza a beber y a consumir drogas. Sobre todo, a Tyler le gusta fumar marihuana y no lo oculta a sus padres que están convencidos de que esta es sólo una fase que pasará. Sin embargo, Blake y Mary-Jo intentan por todos los medios acompañar a Tyler en esta "crisis". Quieren ayudarlo. Esto incluye visitas a un psiquiatra, que receta antidepresivos al adolescente. También participa en un programa ambulatorio de salud mental y abuso de drogas.

¿Cómo debe Tyler Hadley sentir todo esto ? ¿Tiene la impresión de que está bajo el control de otra persona? ¿Se siente obligado a hacer algo que no quiere hacer? ¿Piensa que está siendo retratado como enfermo y loco, aunque sólo quiera vivir una vida que le parezca buena? Tal vez realmente se sintió así, o tal vez no. El único hecho conocido es que ninguno de estos esfuerzos tiene éxito. Tyler Hadley se vuelve cada vez más rebelde y sólo se aísla más de sus padres. Es más importante para él ser visto como el adolescente genial que es el centro de atención.

A los 17 años, el niño es arrestado por asalto y robo. Cuando Blake y Mary-Jo Hadley se enteran de esto, se sorprenden. Obviamente, ninguno de sus anteriores esfuerzos de socorro ha ayudado. En su desesperación, consideran en voz alta si no tendría más sentido internar a Tyler en un psiquiátrico. No ven otra manera de salvar a su amado hijo, pero ya no está en sus manos el poder de ayudarlo, especialmente con el odio hacia sus padres que crece casi a diario en él. En la primavera de 2011, dice cosas en varias ocasiones como: "Odio a mis padres" o "Odio a mi madre y me encantaría matarla". En una reunión familiar a mediados de julio del mismo año, sin embargo, parece completamente normal para todos los presentes.

Tyler toca fondo cuando llega a casa borracho en su coche dos semanas antes de la fiesta que dejará su huella en la historia. Para proteger al joven de 17 años de sí mismo y castigarlo, sus padres le quitan el coche y el Smartphone. Está bajo arresto domiciliario. Increíblemente enojado, le dice a un amigo que le gustaría matar a su madre.

En la mañana del 16 de julio de 2011, el día de la fatídica fiesta, Tyler escribe a Matthew, otro estudiante de la escuela secundaria Port St.

Todavía está coqueteando con la idea de una mega fiesta que será recordada en todo Port St. En el chat, se lee como si la fiesta fuera una especie de recompensa, un bono por la muerte de sus padres, que no hacen más que molestarle. Matthew incluso bromea sobre ello y acosa a su amigo sobre el asesinato de sus padres. Tyler ha estado expresando estos pensamientos desde hace bastante tiempo, así que su amigo probablemente piensa que su compañero de clase no es serio y todo son faroles. Lo más probable es que Matthew no sea consciente de lo decidido que puede llegar a ser su amigo, con consecuencias fatales, y sus padres desconocen por completo su espantoso deseo.

La idea de hacer algo horrible a sus padres se hace más intensa cada día para Tyler Hadley. El viernes, sorprende a Mike M. con la declaración de que supuestamente se paró en la cama de sus padres la noche anterior y pensó en matarlos. Y el jueves, le dijo a su amigo, Markey P., que juega con la PlayStation, que quiere asesinar a sus padres y luego celebrar una mega fiesta. Markey piensa que es una broma de mal gusto. Quiere hacer una fiesta mientras los cuerpos aún están en la casa.

Al mediodía del 16 de julio, el post de Facebook aparece invitando a todos a una fiesta en la casa de los padres de Tyler. Recolecta reacciones confusas y afirma que nadie tiene que preocuparse por sus padres. No volverían a casa, ya que supuestamente están en Orlando, Florida. Estas declaraciones de alguna manera irritan a Mike M., especialmente después de las extrañas frases de Tyler de anoche.

A las 8:15pm, la confirmación es enviada, la fiesta definitivamente se llevará a cabo, y todos están invitados. Lo que sucedió después es difícil de determinar.

Probablemente poco antes de las 5 de la tarde, Tyler roba los teléfonos celulares de sus padres para evitar que hagan una llamada de emergencia. Parece un poco irónico y una reacción a que le quitaran el teléfono como castigo unas semanas antes. No está claro si se traga las 3 pastillas de éxtasis porque le falta el "coraje" para el ejecutar el crimen, pero espera a que las drogas surtan efecto y luego se pone de humor con la canción "Feel Lucky" de la rapera Lil Boosie.

Finalmente, el chute deseado llega y Tyler se levanta, entra en el garaje y coge un martillo que cuelga de las herramientas. Con el agarre frío del pesado martillo en la mano, el adolescente entra en la sala de estar de la casa de sus padres, donde su madre está sentada frente al ordenador. Permanece allí de pie durante 5 largos minutos, esperando y mirando fijamente al cuello de la mujer que lo dio a luz, y luego ataca. Golpea a su madre con toda la fuerza del martillo en la nuca. Cuando le rompe el cráneo a su madre, ella grita: "¿Por qué?

Su padre oye los gritos de su esposa y viene corriendo desde el dormitorio principal. La escena es llegar y ver a Mary-Jo tirada en el suelo con la cabeza destrozada. Su hijo, con un martillo en la mano del que todavía cae sangre, pelo y trozos de piel, mira a los ojos de su padre y dice: "¿Por qué carajo no?" Tyler entonces golpea a su padre en la cabeza con el martillo hasta que pierde la vida.

Inmediatamente después, el adolescente comienza a limpiar. Envuelve las cabezas destrozadas de los cadáveres en toallas y los arrastra al dormitorio principal, donde los arroja a la cama. Luego apila fotos y otros objetos sobre sus padres asesinados. Abajo, quita la sangre. Se necesitan 3 horas para preparar la casa para la fiesta.

Los invitados empiezan a llegar. Aparecen unas 60 personas, la mayoría de las cuales Tyler ni siquiera conoce. Se divierten, juegan al beer pong, fuman cigarrillos y beben. La fiesta es un verdadero éxito, pero Tyler parece tenso y se queda en segundo plano. Alrededor de las 7:30pm, Mike M. finalmente llega. Después de un tiempo, Tyler le pide a su amigo que salga porque tiene que discutir algo con él.

Fuera, Tyler confiesa: "Asesiné a mis padres". Mike primero piensa que su amigo está bromeando y no lo cree. Señala todas las pruebas obvias. El coche de su madre sigue en la puerta, el de su padre está en el garaje. Hay rastros de sangre, por ejemplo, en el teclado de la computadora. Algunos huéspedes ya han notado ambas cosas. Sin embargo, Mike todavía no le cree a su amigo. Sólo cuando Tyler le presenta los cuerpos en el dormitorio principal se convence.

Lo que sigue ahora parece increíble. Mike no va directamente a la policía, ¡sino que pega un tiro con su amigo a un coche cualquiera y sigue celebrando! En la fiesta, la historia de que Tyler mató a sus padres se divulga porque la cuenta una y otra vez, pero todo el mundo parece pensar que es una broma o que no le importa.

Mike se va de la fiesta temprano por la mañana y finalmente reacciona. Alerta a la organización, Crime Stoppers, que informa inmediatamente a la policía. A las 4:40 a.m., justo cuando Tyler publica sobre otra fiesta en su casa esa noche, la policía llega a su puerta principal.

En 2014, el veredicto es pronunciado, y Tyler es sentenciado a cadena perpetua sin posibilidad de libertad condicional por asesinato en primer grado. El crimen fue planeado y deliberado. El juez incluso describe al joven de 17 años como "peligrosamente antisocial". Durante el juicio, el abogado defensor señala que el niño estaba drogado. Un experto agrega que los jóvenes de hasta 25 años de edad todavía no pueden evaluar plenamente su comportamiento ni sus consecuencias. Pero el propio Tyler confiesa que es culpable, enfatizando sólo que no puede explicarse a sí mismo. Desde entonces, el resto de la pequeña familia Hadley se ha dividido, y su propio hermano ha pedido que Tyler reciba la máxima sentencia.

En 2015, una apelación tuvo éxito debido a un debate insuficiente sobre una alternativa a la prisión perpetua. En 2016, se toma la decisión de retirar el veredicto del primer juicio e iniciar un nuevo juicio. Dos años después, Tyler Hadley se disculpa por el asesinato de sus padres por primera vez . Se le encuentra culpable en repetidas ocasiones y se le condena a cadena perpetua, pero esta vez se le da la oportunidad de libertad condicional.

Capítulo 13
El intruso
(por Alexander Apeitos)

Es poco después de la medianoche del 5 de junio de 2002, cuando sucede lo inimaginable: Elizabeth Smart, de 14 años, es secuestrada de su habitación. Durante meses, la niña parece haber desaparecido de la faz de la tierra. Luego, el 12 de marzo de 2003, después de nueve meses, Elizabeth reaparece repentinamente.

Elizabeth Ann Smart nació el 3 de noviembre de 1987 en Salt Lake City, Utah. El segundo de seis hijos de un arquitecto y una ama de casa. Sus padres hacen todo lo posible para apoyar a la niña, que tiene un talento artístico especial. Elizabeth descubrió su pasión por tocar el arpa a la edad de 5 años y ha estado practicando todos los días durante varias horas desde entonces. Es una niña simpática e inteligente, pero tímida.

Da conciertos en escuelas secundarias y es contratada como arpista para bodas y conciertos anuales de otoño. Además de su amor por la música, también es una entusiasta jinete y participa en varios torneos. Elizabeth asiste a Bryant Intermediate High School, donde recibe un premio el 4 de junio de 2002 por su aptitud atlética especial y su excelente rendimiento académico. Es una niña muy sencilla. Esa misma noche, toda la familia de Elizabeth está presente para celebrar su éxito escolar. Después de la cena, mientras se prepara para ir a la cama, nadie sospecha cuán terriblemente cambiará de repente la tranquila vida de esta familia modelo.

Elizabeth comparte una habitación con su hermana menor, Mary Katherine. Esa noche, las dos niñas hablan hasta que caen en un profundo sueño. A medianoche, la casa se vuelve completamente silenciosa. Todo está oscuro y todos los miembros de la familia están dormidos. Nadie se da cuenta cuando un hombre vestido con ropas oscuras se acerca a la casa sigilosamente. Hay una ventana abierta, así que es fácil para él entrar en la casa sin hacer ruido. Se dirige directamente al dormitorio de Elizabeth y Mary Katherine. El intruso está armado, sosteniendo firmemente un cuchillo en su mano. Coloca la hoja helada y brillante sobre el cuello de Elizabeth, que duerme. Con la otra mano, le cierra la boca a la chica.

"Tengo un cuchillo. No hagas ruido ahora", sisea amenazadoramente a Elizabeth. La niña necesita un momento para despertar lentamente y darse cuenta de que el hombre no es parte de una mala pesadilla. Siente el frío metal en su carótida de una manera palpitante. "Sal de la cama y ven conmigo o te mataré a ti y a toda tu familia", ordena el hombre.

Elizabeth obedece: por miedo a su vida y por miedo a la vida de su amada familia. Se mueve tan lenta y silenciosamente como puede. Se levanta cuidadosamente de la cama y sigue al extraño fuera de la casa y el jardín. Va vestida sólo con su pijama.

El ladrón lleva a Elizabeth detrás del edificio y camina hacia una colina cercana. Ella camina sin resistencia, está muerta de miedo y no puede emitir ningún sonido. La adolescente ni siquiera se atreve a mirar a su alrededor porque todo el tiempo siente el frío cuchillo en la espalda. Elizabeth no sabe cuánto tiempo caminan. El tiempo se dilata en estos momentos de extrema tensión, y los minutos se convierten en horas. Después de que ambos cruzaran la colina, él la lleva a un pequeño bosque, donde se detiene abruptamente cuando llegan.

Se puede ver una tienda de campaña en medio del pequeño bosque, con lonas de plástico esparcidas por el suelo. Detrás de la tienda de campaña, un gran agujero se abre en el suelo del bosque, que en su mayor parte está cubierto con troncos de árboles y tierra.

¿Donde estoy? ¿Por qué estoy aquí? ¿Qué quiere este hombre de mí? ¿Volveré a ver mi hogar? Tales preguntas recorren la cabeza de Elizabeth sin cesar en aquel momento. Ella trata de poner sus pensamientos en orden cuando una mujer sale de la tienda de campaña y viene directamente hacia Elizabeth, agarra su temblorosa mano y lleva a la niña consigo hacia la tienda de campaña. Allí, la obliga a sentarse en un cubo que está colocado boca abajo. En la tierra, se pueden ver arañas y ratones.

La mujer de repente comienza a quitarle el pijama a Elizabeth, pero ella se resiste y se niega a desnudarse. Una y otra vez le pregunta a la mujer, con lágrimas en los ojos, qué es lo que quieren de ella y le ruega que la deje ir. La mujer es silenciosa, implacable y no deja tranquila a Elizabeth. Finalmente,

Elizabeth le explica que sólo quiere desvestirse. También deja claro que se bañó antes de acostarse y que no necesita ser lavada de nuevo.

Sin decir una palabra, la mujer le entrega a la niña una bata y deja en paz a Elizabeth. Luego coge el pijama del suelo y se va de la tienda. Elizabeth llora. Está tan muerta de miedo que casi vomita.

¿Cómo está mi familia? ¿El hombre los mató? ¿Qué me va a hacer? Estos pensamientos acuden de nuevo a la mente de la niña secuestrada.

Entonces se abre la puerta de la tienda y entra el hombre desconocido. También se ha cambiado de ropa y ahora lleva una bata blanca. Se acerca a Elizabeth, se arrodilla ante ella y le dice que ahora se convertirá en su esposa y que debe cumplir con sus deberes como mujer.

Sus secuestradores son Brian Mitchell, de 49 años, un autoproclamado profeta llamado

Immanuel, y su esposa y estudiante, Wanda Barzee, de 56 años. El hecho de queue Elizabeth conociera desde antes de aquel momento a su secuestrador, lo notará más tarde.

Los secuestradores

Brian David Mitchell nació el 8 de octubre de 1953 en Salt Lake City como el tercero de seis hijos. Sus padres, Irene y Shirl Mitchell, son mormones y educan a sus hijos de acuerdo a las estrictas reglas de esta comunidad religiosa. Al mismo tiempo, el padre enseña y hace ver a los niños con fotografías pornográficas a una edad muy temprana para enseñarles a tener relaciones sexuales.

En general, sus métodos educativos parecen bastante extraños. Para enseñarle a Brian una importante lección de vida, Shirl abandona al niño de 12 años en un vecindario completamente desconocido y le insta a que encuentre el camino a casa solo. Cuanto más viejo es Brian, más se aísla de su entorno. La relación con sus padres es extremadamente pobre y a la edad de 16 años es enviado a un centro de detención juvenil porque se desnudó frente a un niño.

Más tarde, Brian es enviado a vivir con su abuela. Aquí entra en contacto con las drogas y el alcohol, que empieza a consumir. Finalmente, el joven deja la escuela. A los 19 años, deja el estado de Utah y se casa con Karen M., una niña de 16 años. Durante su relación de dos años, nacen dos hijos. La custodia se le concede a Brian después de su separación porque Karen está demasiado enganchada a las drogas.

En 1980, la vida de Brian da otro giro radical después de una conversación espiritual con su hermano. Como resultado, Brian se une a la Iglesia de Jesucristo de los Santos de los Últimos Días. Esta comunidad es considerada un grupo de mormones y es la tercera comunidad religiosa más grande en los Estados Unidos después del judaísmo. Al año siguiente, se casa con su segunda esposa, Debbie. Ella tenía ya tres hijos y juntos tienen dos más. Después de sólo unos meses, son llevados a una familia de acogida. Brian solicita el divorcio en 1984, alegando que Debbie es violenta con él y con los niños. Debbie, por otro lado, dice que Brian ha pasado de ser un hombre gentil a ser un marido insultante, agresivo y controlador. Según ella, él le dice qué debe vestir y qué comer, y su enorme interés en Satanás es aterrador.

Después del divorcio, Debbie informa a la Oficina de Bienestar de la Juventud que Brian violó a su hijo de 3 años, sin embargo, este abuso no puede ser probado.

En el mismo año, la hija de Debbie reporta algo similar. Afirma haber sido violada por Brian durante varios años. También durante este tiempo, Debbie denuncia a su ex-marido a la policía, pero nunca llega a trámite. El mismo día que Debbie y Brian se divorcian, Brian se casa con Wanda Barzee, de 40 años.

Wanda Barzee es madre soltera de seis hijos y ha dejado a su ex-marido. Poco después de casarse con Brian Mitchell, se muda con sus hijos. En general, los hijos de Brian y Wanda se llevan bien al principio, pero a medida que pasa el tiempo, se sienten cada vez más incómodos a su alrededor debido a su extraño comportamiento. La visión de Brian de la religión también se vuelve cada vez más extrema. Una noche, despierta a su hijastro y le dice que acaba de hablar con los ángeles. En 1990, cambia su nombre a Emanuel ("Dios está con nosotros"), deja su iglesia y se llama a sí mismo profeta de Dios.

Wanda se convierte en discípula de Brian y se presenta como la "joya de Dios". En el invierno de 2001, la pareja regresa a Salt

Lake City, al mismo barrio donde vive la familia Smart.

La primera violación
Después de que Brian hubiera terminado su ceremonia de boda, levanta toscamente a Elizabeth del cubo de metal en el que está sentada y la tira al suelo. Le arranca la bata y comienza a violar a la adolescente de catorce años. A través de sus lágrimas, Elizabeth sigue rogándole que se detenga y la deje ir, pero eso no parece ayudar: más bien, parece como si la desesperación y la debilidad de ella lo excitara aún más.

Cuando Mitchell termina, deja a la violada Elizabeth acurrucada en el suelo de la tienda. La joven finalmente se duerme, exhausta por el esfuerzo de resistirse. Cuando Elizabeth se despierta, Mitchell ya está presente y arrodillado sobre ella. De nuevo la viola, luego le envuelve un grueso cable metálico alrededor del pie y ata el otro extremo a un árbol cercano. Elizabeth es ahora su prisionera e incapaz de escapar de su verdugo. Siempre que lo desea, ella se ve obligada a entregarse a él, a menudo varias veces al día. Cuando ella no se atreve a hacer lo que él le pide, es violentamente golpeada y a veces incluso torturada. Elizabeth se ve obligada a beber alcohol y a consumir drogas para ser más obediente. A veces, no recibe nada para comer o beber durante varios días seguidos. Tampoco hay baño ni ducha en su prisión. Pasa los primeros meses únicamente en la tienda de campaña, encadenada y sometida repetidamente a abusos, y cuando no, esperando. De vez en cuando, Brian le predica durante horas sobre su misión y su fe. Habla varias veces sobre el hecho de que quiere secuestrar y casarse con seis niñas más en el nombre de Dios. El punto de inflexión llega de forma inesperada: Elizabeth está casi lista para rendirse a su destino, cuando el autoproclamado profeta es enviado a prisión por una semana después de robar en una tienda. Elizabeth y Wanda Barzee están solas. Mientras tanto, la niña cree que morirá de sed. Hace varios días que no bebe agua. Entonces, un fuerte aguacero cae por casualidad y las dos mujeres pueden aliviar su sed. Esta lluvia inesperada probablemente les salvó la vida.

Cuando Brian Mitchell regresa al escondite, alivia un poco las condiciones de encarcelamiento de Elizabeth, ya que está muy seguro de la sumisión de la chica. Como resultado, se le permite incluso acompañarlo a la ciudad. Durante estos viajes, Elizabeth se esconde bajo una larga túnica, su rostro se cubre con un velo y se le prohíbe hablar.

Cuando un día un policía se le acerca en una biblioteca, inesperadamente tiene una oportunidad importante de ser rescatada de la violencia de sus torturadores, pero la niña se siente tan intimidada que, incluso teniendo tan cerca la libertad, no se atreve a decir ni una palabra. Elizabeth pasa silenciosamente junto al policía y acompaña a Mitchell de vuelta al escondite.

El 12 de marzo de 2003, después de 9 meses en la tienda de campaña, Brian Mitchell y Wanda Barzee abandonan su escondite con Elizabeth y regresan a la ciudad. Se sienten lo suficientemente seguros como para querer encontrar un nuevo lugar donde quedarse.

Elizabeth está disfrazada para hacerla irreconocible. Lleva una peluca de pelo gris, una bata larga, un pañuelo en la cabeza y gafas de sol. Juntos, los tres ofrecen una visión extremadamente extraña, así que todos los ojos se vuelven involuntariamente hacia ellos. ¡Como resultado sucede lo increíble! ¿Es cosa del destino o es el cielo quien interviene personalmente? Una persona que pasaba por allí cree reconocer a Elizabeth Smart como la mujer vestida con extrañas formas y alerta a la policía.

Unos minutos después, el trío es detenido por la policía. Pasan varios minutos hasta que Elizabeth finalmente reúne todo su coraje y es capaz de responder a la pregunta sobre su nombre. Aunque Mitchell sigue esforzándose por deshacerse de los policías, el policía insta a la mujer disfrazada a que responda. Y finalmente, sus labios forman la revelatoria frase: "¡Soy Elizabeth Smart!"

Sus torturadores, Brian Mitchell y Wanda Barzee, son arrestados *in situ;* sin embargo, se necesitarán 7 largos años hasta que finalmente sean sentenciados en la corte. Tras la detención de Mitchell y Barzee, se celebran varias audiencias judiciales y extrajudiciales, estancias hospitalarias y exámenes psiquiátricos de la pareja. Los expertos consideran que ambos son incapaces de sentirse culpables. Brian Mitchell se niega a hacer declaraciones sobre el secuestro de Elizabeth Smart. Una y otra vez comienza a cantar himnos en la sala del tribunal, lo que hace que se posponga la audiencia.

Después de que a Wanda Barzee se le ordenara tomar medicamentos, finalmente fue llevada a juicio en 2009. Se declara culpable de los hechos imputados y es condenada a 15 años de prisión. Por otro lado, Brian Mitchell, se aferra a su táctica de no poder ser juzgado. Elizabeth Smart, sin embargo, no se rinde. Ella convence al tribunal de que él está fingiendo su enfermedad mental. Después de todo, Mitchell será juzgado de nuevo en 2010. El 11 de diciembre, el veredicto es exitoso. El jurado condena a Brian Mitchell a cadena perpetua siete años después del crimen.

Hoy, Elizabeth Smart es una joven con una misión. Poco después de regresar a la casa de sus padres, regresó a la escuela, se graduó y estudió música en la Universidad Brigham Young. También se comprometió a ayudar a las víctimas que han experimentado crímenes similares, y está involucrada en la redacción del Manual de Asistencia para Víctimas de Secuestro del Departamento de Justicia de los Estados Unidos.

Elizabeth Smart es ahora una figura prominente en los medios de comunicación de Estados Unidos, animando a otras víctimas y ayudándolas a volver a una vida normal. En las entrevistas, habla de sus experiencias de manera vívida y detallada y aborda la cuestión de si hubo alguna oportunidad para ella de escapar de sus secuestradores. Estas posibilidades existían realmente. La referencia más importante al secuestrador de Elizabeth vino unas semanas después de su secuestro, de un miembro de la familia: su hermana, Mary Katherine, estaba despierta en la cama la noche del secuestro. Estaba congelada por el miedo, incapaz de moverse, pero nunca olvidará la silueta del secuestrador.

Un día, ella recordó a quién le recordaba, a un artesano que ocasionalmente trabajaba en la casa de la familia Smart. Su nombre era Emanuel.

Pero nadie podía haber adivinado en ese momento que Emanuel era en realidad el secuestrador de su hermana Elizabeth. En otra ocasión, Elizabeth escuchó a su tío llamándola cerca de su escondite. A menudo había helicópteros dando vueltas alrededor del campamento, pero siempre había un miedo terrible dentro de ella. El miedo de que Brian Mitchell le hiciera daño a ella o a su familia si se atrevía a intentar algo. "Decidí entonces que seguiría viviendo así, sin importar nada más."

Elizabeth está ahora casada y es madre de una hija. En octubre de 2013, Elizabeth Smart publicó sus extensas memorias tituladas "Mi historia". El libro describe el secuestro y la fundación Elizabeth Smart Foundation. Intenta, de una manera impresionante, aumentar la conciencia general sobre los secuestros.

Capítulo 14:
El Regalo

"¡Ayúdame! ¡Por favor, ayúdame!" La moribunda mujer lucha desesperadamente por respirar. Lucha contra el dolor causado por la progresiva insuficiencia de los órganos. Su habitación de hospital en la unidad de cuidados intensivos está a oscuras, hay máquinas de soporte vital alrededor y monitores parpadeando cerca de su cama. Una de ellas muestra en una pantalla los irregulares latidos de su débil corazón, acompañadas de la típica señal sonora que resuena en los oídos. Es un eco que indica despiadadamente cómo la vida se acaba en el cuerpo de Nancy Dillard. Al mismo tiempo, su marido, Richard Lyon, permanece sentado, incansable, al lado de la cama de su pobre esposa y le da consuelo. Cuando sale brevemente de la habitación del hospital para recuperar fuerzas, el médico de familia de Nancy, el Dr. Ali B., busca a su paciente. ¿Ya habrá caido en el delirio? ¿Sabrá siquiera que no soy Richard? El doctor se pregunta impotente. Entonces, la madre de dos niños pequeños hace acopio de sus últimas fuerzas para suplicar una vez más: "¡Por favor, no quiero morir!"

Nancy Cooke Dillard nace el 6 de agosto de 1953 en Nueva York, Estados Unidos. La familia Dillard pertenece a la llamada alta sociedad, porque "Big Daddy", como el padre de Nancy, William Dillard, es cariñosamente conocido, es pudiente y financieramente independiente, tiene las mejores relaciones y amigos influyentes en los sitios adecuados. Ha hecho una fortuna a través de lucrativos negocios de bienes raíces. Junto con sus dos hermanos, la inteligente y extrovertida Nancy crece en una típica familia de clase alta.

Richard Allen Abood Lyon, nacido el 22 de abril de 1957, tiene un origen familiar completamente diferente. Viene de una familia creyentes de clase media baja. Su padre es agente de seguros y su madre trabaja como maestra asistente. Richard es un niño agradable y sin complicaciones que nunca se pasa de la raya. Es muy bueno en la escuela y también muy hábil con sus manos. Sus padres se sienten muy orgullosos cuando su hijo es por fin aceptado en la Universidad Elite de Harvard en 1979, donde se matricula en un curso de arquitectura paisajista.

Una de sus compañeras es la delgada Nancy con su radiante carisma. Debe haber sido confuso para él que ella, de entre todas las personas, se interesara por el joven de origen humilde. Instintivamente, cree que sabe que, aunque Nancy lo ame incondicionalmente, sus padres seguramente lo verán siempre como un hombre que no estará a la altura de su hija. Pero la alegre y despreocupada

Nancy le dice que confíe en ella. A partir de ahora, los dos son inseparables. Trabajan duro y se comprometen con sus proyectos, dejándolos exhaustos a llegar la noche. En todo lo que hacen, Nancy es siempre la que tiene la iniciativa, la que piensa y planifica los proyectos. En algún momento, comienzan a hacer los deberes de los demás. Para que nadie se dé cuenta de nada, practican todo el tiempo que sea necesario para que sus caligrafías se parezcan entre sí. Otra característica especial es el letrero de la puerta de su apartamento de estudiantes compartido: sólo aparece el nombre "Dillard". Sólo Nancy contesta el teléfono, porque Big Daddy y los otros Dillards no deberían saber que Nancy está junto a este desmerecido chico.

En 1982 se casan por fin y se trasladan a Dallas, Texas. Allí, Big Daddy organiza un trabajo para Nancy para un antiguo socio, Trammell Crow. Richard también encuentra trabajo. Alquilan una casa para dos personas con una gran terraza y un jardín en la parte de atrás. Al principio, es un lugar bastante destartalado para alojarse, pero Nancy y Richard poco a poco van creando un hermoso y acogedor lugar con un jardín lleno de vida: un paraíso para sus dos hijas, Anna y Allison. Ellas lo son todo para Richard. Las quiere con toda su alma y pasa el mayor tiempo posible con ellas, jugando y construyendo establos para sus conejitos.

En la casa adosada vive su vecina periodista, Gayle G., cuyo pequeño hijo Shawn para tiempo jugando con las hijas de sus vecinos. La relación entre las dos familias, que viven tan cerca, es amistosa pero guardan las distancias. A pesar de la cercanía, cada uno trata de preservar su propia privacidad. Sin embargo, es obvio para Gayle que algo está cambiando en la relación entre Nancy y Richard. Tal vez sea porque Nancy está ascendiendo en su trabajo mientras que la carrera de Richard está estancada. Ella explica que su esposo está teniendo algún tipo de "crisis de los 40" pero, en realidad, tal vez se deba a que Nancy ya no está interesada en tener relaciones íntimas de pareja con él, incluso acudió a terapia sexual en 1989 para intentar arreglarlo. Resulta que durante su infancia, de 1961 a 1967, tuvo un encuentro con uno de sus hermanos que se propasó algo con ella. Fue algo que la familia Dillard escondió bajo la alfombra, pero aún así, después de la terapia, ella consiguió superarlo en su justa medida y ya no era tal problema. En cualquier caso, la relación entre los dos se enfría notablemente. Tal vez por eso Richard tiene una aventura con Tami Ayn G., una mujer joven y decidida que trabaja para la misma compañía que él. Cada vez pasa más tiempo con Tami y sólo regresa a casa para ver a sus dos hijas y luchar contra las hormigas que se han apoderado del jardín. Incluso usa arsénico para intentar deshacerse de ellas. Nancy se entera y queda decepcionada y enojada, reprochándole duramente a Richard su comportamiento, especialmente cuando vacía la cuenta conjunta para comprarle a su amante un anillo de $4,900. ¿Pudiera ser que durante las discusiones con sus padres, al final llevaran razón? La vecina, Gayle, es bienvenida como compañera de conversación para Nancy en estos momentos. Cuando Richard vuelve a estar fuera durante días, Gayle observa que Nancy al principio está enfadada, pero luego se deprime y viene abajo. A veces, Gayle incluso le da comida a Nancy y, ocasionalmente, cuida de sus niñas.

En algún momento, Nancy decide que finalmente quiere el divorcio de Richard y lo saca de su póliza de seguro de vida de $500,000 sin informarle. Su nueva actitud produce un cambio en Richard, porque poco tiempo después él intenta volver con ella y promete que terminará la relación con su amante y que no la volverá a ver. Ella accede por amor y la vida de la familia Dillard Lyon parece haber vuelto a la normalidad. El jardín de la casa florece de nuevo bajo las manos de Richard, los niños se ríen y Nancy parece estar recuperándose.

En este momento, Richard está conquistando a su esposa de nuevo y la cuida como antes. La lleva al cine y la invita a cenar en casa con un buen vino que ella nota extraño cuando lo prueba. No le gusta el sabor, pero decide comportarse cordialmente ante su invitación. Aparentemente, estaba en mal estado.

Nancy se siente muy enferma, así que Richard le da pastillas de vitaminas. Todo el mundo espera que sus inexplicables problemas de salud pasen pronto. Una mañana, cuando aparece una cesta de regalo con una botella de vino blanco en ella en el porche frente a la puerta de Lyon, todos están contentos con el bonito e inesperado regalo, incluso sin saber quién ha dejado tal regalo.

El corcho está ligeramente dañado, pero no se nota nada más. Varios días después, Nancy abre la botella para beber un vaso de vino.

De repente, ese mismo día, se siente tan mal que Richard la lleva al hospital. Le pide a su vecino que cuide de los niños y ayuda con cuidado a su esposa a bajar las escaleras. Los médicos del hospital no pueden encontrar una causa para la desastrosa condición de Nancy. Le hacen pruebas específicas para averiguar por qué está empeorando. Las familias Dillard y Lyon están preocupadas por Nancy. Los Dillard y Big Daddy todavía no entienden ni aceptan que la familia de Richard esté allí con ellos. Richard permanece al pie de la cama de su esposa casi todo el tiempo, dejándola sola brevemente cuando su médico de familia, el Dr. Ali B., va a verla. El marido parece despreocupado, incluso se le ve bromeando con los médicos. En algún momento, sin embargo, Nancy cae en coma profundo. Los médicos dan a Richard la decisión de mantener a su esposa en esas condiciones o apagar la máquina que la mantiene con vida. Decide esperar unos días a ver cómo evolucionad. Nancy lucha por su vida durante siete horas más, finalmente muere el 14 de enero de 1991 a la edad de 37 años.

La muerte de Nancy es un duro golpe para sus hijos y la familia Dillard, especialmente desde que su hijo, Thomas, murió de un tumor cerebral en 1986. Hacen todo lo que pueden para obtener una autopsia. El resultado es impactante: el arsénico se encuentra en el hígado, los riñones y el cabello de Nancy en una cantidad tan grande que una cosa está clara: ¡fue envenenada! Un análisis del cabello muestra que ingirió veneno varias veces.

La información es un terrible golpe para todos, y Richard se encuentra aturdido, pero lo que no sabe es lo que el Dr. Ali B. informa a los investigadores de la policía: cuando el doctor estaba en la habitación del hospital con Nancy, ella se quitó brevemente la máscara respiratoria y le contó sobre el vino con el corcho defectuoso. Los Dillard, por otro lado, conocen del abogado de divorcio de Nancy que ella le confesó una aterradora sospecha en una conversación que mantuvieron. Ella sospechaba que estaba siendo envenenada por su marido. Como resultado, los investigadores piden a todos que no mencionen nada porque las siguientes investigaciones tomarían algún tiempo.

Finalmente tienen éxito, y fue un gran desafío. Pocos días después de la muerte de Nancy, la amante de Richard aparece en su casa y pasa la noche en ella. Seis meses más tarde, el 2 de diciembre de 1991, la fiscalía finalmente presenta cargos contra Richard Lyon como presunto autor. Hay numerosos indicios que hablan claramente en su contra. No sólo las declaraciones de su propia esposa, sino también que las dudosas píldoras vitamínicas tomadas por Nancy fueron encontradas por los Dillard y contenían carbonato de bario venenoso. Finalmente, se encontró arsénico en el cobertizo del jardín. El hecho de que Nancy no le informara de que lo retiró de su póliza de seguro de vida de $500,000 también juega en su contra, por obvias sospechas de ella. La evidencia es cada vez más grave contra el marido, pero ahora la hora de la defensa de Richard: tiene cartas y anotaciones en su diario como prueba, todas ellas escritas a mano supuetamente por Nancy, como confirma un experto de la defensa. Entre ellas se encuentran algunas que abordan el supuesto abuso por parte del hermano. Esto lo convierte en un posible sospechoso. ¿Intentaba impedir que Nancy testificara en su contra? Incluso la propia Nancy es considerada sospechosa por el abogado defensor. ¿No pudo haber sido un suicidio?

Después de todo, ¡ella sufría de depresión! Esta versión toma fuerza cuando aparecen las facturas de óxido de arsénico (III) y carbonato de bario, que, según la firma de Nancy, se compró a sí misma y, además, la única forma de combatir a las hormigas es con químicos venenosos, por lo que no era extraño tener esos productos en casa.

Después de estos comentarios, parece que Richard Lyon tiene la oportunidad de abandonar el tribunal como un hombre libre de cargos. Los miembros del jurado siguen con las dudas hasta que se llama a otro experto: un grafólogo y un funcionario retirado del FBI. Su declaración supone un cambio decisivo. Puede probar, con una comparación de muestras de escritura, que las supuestas cartas y anotaciones del diario de Nancy fueron falsificadas supuestamente por Richard. Lo mismo ocurre con las facturas, que el propietario de Chemical Engineering Co. identifica claramente como malas falsificaciones. E incluso la amante, Tami Ayn G., contribuye con su parte. Ella informa que Richard le mintió sobre la razón por la cual su esposa estuvo en el hospital. Según su declaración, supuestamente tenía una enfermedad de la sangre.

El juicio finaliza el 19 de enero de 1992. Las deliberaciones del jurado no duran mucho tiempo, y el jurado pronuncia su veredicto al cabo de unas pocas horas. A sus ojos, Richard Lyon, de 34 años, es culpable de asesinato por envenenar a su esposa. Es condenado a cadena perpetua y debe pagar una multa de 10.000 dólares. Su motivo aún no está claro. Muchos sospechan que mató a su esposa para ser finalmente libre y seguir con su amante sin tener que sacrificar las comodidades de una vida de clase alta. La póliza de seguro de vida también podría haber jugado un papel (aunque él no sabía que ya no era el beneficiario), o quizás tenía miedo de perder a sus dos hijas a manos de la familia Dillard en caso de divorcio, y no volver a verlas.

Pero, ¿y si la relación con su hermano hubiera jugado un papel más importante?, ¿y si la propia Nancy hubiera sido tan odiosa y decidida como para vengarse de su marido cometiendo un suicidio e inculpándolo?

La cuestión principal del caso era, y sigue siendo para algunos, ¿tenía razón el grafólogo?

En 2006 y 2016, Lyon intentó obtener la libertad condicional, pero en ambos casos se le denegó. Todavía afirma que no mató a su esposa. También ha escrito a numerosas organizaciones de ayuda legal para obtener apoyo, pero se han negado a ayudarlo.

Nancy deja dos hijos, Anna y Allison. No se sabe quién tomó su custodia cuando su padre fue condenado y enviado a prisión. Mientras tanto, los dos han crecido. ¡Cuán difícil debe ser crecer con la sospecha de que su querido y atento padre mató lenta y dolorosamente a su propia madre!, ¿aceptó realmente el riesgo de que sus dos queridos hijos quedaran huérfanos debido a la codicia, los celos o la venganza?

Una muerte cruel es terrible, pero casi nada es tan difícil de soportar como la incertidumbre sobre cómo y por qué ocurrió.

Observaciones finales del autor

Estimado lector,

Espero que estos cuentos te hayan conmovido tanto como me conmovieron a mí cuando los escribí. Ojalá que todos caminemos por el mundo con atentos ojos a las necesidades de los demás y que, con suerte, podamos evitar muchas más tragedias.

En este punto, me gustaría agradecer a mi esposa, Selina, y a mis hijos, Thalea, Matteo y Liana. Muchas gracias también a la Dra. Stefanie Gräf por la excelente cooperación en cuestiones sobre los antecedentes psicológicos, y por su ayuda en la investigación y edición.

¿Puedo pedirles, queridos lectores, un favor? Vengo del sur de Alemania, donde a menudo decimos con un guiño: "No quejarse es suficiente elogio". De hecho, he estado comprando libros durante años y rara vez he dejado una crítica positiva. Muchos de los libros me parecieron muy buenos; sin embargo, sólo hice una crítica si no me gustaba algo. Esto da a los comentarios negativos un peso mucho mayor. Como autor, pude experimentar lo importante que son los ratings en nuestra era digital y cómo las opiniones no pueden ser más contrarias. A partir de ahora, he decidido dejar una calificación para cada producto que compre, independientemente de si me ha gustado o no. Si pudieras hacer lo mismo y proporcionarme tu opinión, me ayudarías mucho.

Para los autores independientes, la opinión pública es muy importante. Las críticas determinan el éxito o el fracaso de un libro.

Son los lectores quienes deciden si un libro es encontrado y leído y si un autor puede vivir o no su sueño.

Mi sueño es investigar más casos en todo el mundo y publicarlos como cuentos. ¿A qué país crees que debería dedicar mi próximo libro? Envíame tus críticas, ideas, comentarios e inspiraciones a AdrianLangenscheid@mail.de y por favor dejen sus comentarios antes de irse. Una breve declaración es más que suficiente. Muchas gracias por comprar el libro. Te deseo lo mejor hasta la próxima.

Atentamente,
Adrian Langenscheid

Sígueme en marcha:

Instagrama:

Facebook: https://www.facebook.com/True-Crime-Deutschland-Adrian-Langenscheid

CPSIA information can be obtained
at www.ICGtesting.com
Printed in the USA
BVHW042329270620
582476BV00015B/759